FÜR UNS!

DIESES BUCH GEHÖRT:

....

....

....

CHRISTIANE KÜHRT

GANZ EASY KINDER GEBURTSTAG

STRESSFREIE REZEPTE & WITZIGE IDEEN

HAPPY BIRTHDAY!

Ganz easy ist das Motto dieses Kindergeburtstagsbuchs. Soll heißen: alles leicht, locker, unbeschwert, mit links. Die ersten Feste mit meinen beiden Kids waren alles andere als easy. Ich hatte zu viele Kinder eingeladen, die mit Sahnetorte rumschmierten und die geputzte Wohnung in Nullkommanichts auf den Kopf stellten. Ich hatte mir nicht genügend Spiele überlegt, das Geburtstagskind war bockig, und die ersten Kinder quengelten.

Die folgenden Jahre war ich vorbereitet, und von da an waren Kindergeburtstage für mich die Highlights des Jahres. Lustige Kuchen zu backen, bunte Snacks vorzubereiten, immer wieder neue Themen zu finden, das kann richtig Spaß machen. Egal ob Fußballfete, Planschbeckenparty, Olympiade, Krimi-Schnitzeljagd, Zirkus- oder Schlossfest – eine Schar fröhlicher Kinder um sich zu haben, finde ich einfach schön.

Damit Ihnen Kindergeburtstage zukünftig genauso viel Freude bereiten und ganz leicht von der Hand gehen, finden Sie in diesem Buch nicht nur einfache, gut nachzumachende Rezepte, sondern auch jede Menge Tipps für ein unbeschwertes, gelungenes Fest. Ein Geburtstag muss nicht aufwendig und perfekt, aber bunt und lustig sein.

Viel Vergnügen wünscht
Christiane Kührt

Christiane Kührt

INHALT

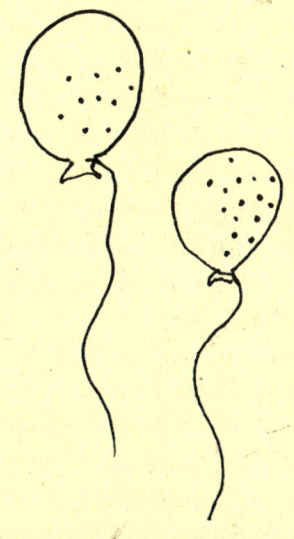

GEWUSST WIE

Einfach ein paar Kinder einzuladen und sie dann in Haus oder Garten sich selbst zu überlassen, so funktioniert Kindergeburtstag leider nicht. Wäre dann ja auch kein besonderer Tag. Jedes Kinderfest braucht ein kleines Konzept und etwas Vorbereitung. Auf den folgenden Seiten finden Sie von der Einladung bis zum Unterhaltungsprogramm die wichtigsten praxiserprobten Tipps für eine entspannte und lustige Party.

KINDERGEBURTSTAG

VORFREUDE AUFS FEST

Zwei, drei Wochen vor dem Geburtstag ist es Zeit, mit den Planungen fürs Kinderfest zu beginnen. Überlegen Sie sich zunächst allein, was Sie sich zutrauen. Wichtig ist, dass Sie sich nicht zum Feiern verpflichtet fühlen. Es gibt Zeiten, da hat man keine Nerven für ein großes Kinderfest. Dann ist es sinnvoll, den Geburtstag in einen Tierpark, Klettergarten oder an einen anderen Ort zu verlegen, der schon Programm bietet.

Planen, was Spaß macht

Wenn Sie sich fürs Feiern entscheiden, überlegen Sie gemeinsam mit dem Geburtstagskind, welche Art von Fest es sein soll. Ein klassischer Kindergeburtstag, ein Gartenfest, ein Ausflug zum See? Oder vielleicht eine Mottoparty, die dem Geburtstag ein bestimmtes Thema gibt? Wie wäre es zum Beispiel mit einer Piraten-, Feen- oder Cowboyparty, mit einem Schloss- oder Hexenfest, einer Poolparty oder Schneemannsause? Denken Sie dabei daran, dass Sie keinen Wettkampf mit anderen Müttern ausfechten müssen, die vielleicht besonders aufwendig oder teuer feiern. Es geht nicht um Perfektion – wichtig ist nur, dass Sie und Ihr Kind Spaß bei der Vorbereitung und beim Feiern haben.

Die Gäste

Überlegen Sie gemeinsam mit Ihrem Kind, wen es zu seinem Fest einladen möchte. Geben Sie dabei Anregungen, lassen Sie es aber möglichst selbst entscheiden. Manche Mütter überreden ihr Kind zur Gegeneinladung, wenn es schon bei anderen zu Gast war. Akzeptieren Sie, wenn Ihr Kind das nicht möchte. Sinnvoll ist es, die Anzahl der Gäste zu begrenzen, besonders bei kleinen Kindern. Eine bewährte Faustregel: Nur so viele Gäste einladen, wie das Geburtstagskind Jahre alt wird. Damit hat man die Chance, auf alle Kinder eingehen zu können und die Gruppe zusammenzuhalten. Die Kinder sollten etwa im gleichen Alter sein, dann haben sie ähnliche Interessen und Fähigkeiten, das erleichtert das Miteinander.

Platz zum Feiern

Der ideale Ort für ein Kinderfest? Dort, wo nichts kaputtgehen kann und wo ein wenig Schmutz und Chaos nicht stören! Zum Beispiel der Garten oder ein nettes Plätzchen im Park. Bei schlechtem Wetter wären Keller- oder Speicherräume ideal, auch eine ausgeräumte Garage passt. Solche Orte stehen aber nicht immer zur Verfügung, und dann muss man eben doch mit der Wohnung Vorlieb nehmen. Viel Arbeit

Gästeliste:
- ☐ Ben
- ☐ Luis
- ☐ Sophie
- ☐ Lena
- ☐ Felix
- ☐ Anna
- ☐ Victoria

sparen Sie sich, wenn Sie die Kinder bitten, ihre Schuhe auszuziehen und nur am Tisch zu essen und zu trinken. Geben Sie nur einen Teil der Wohnung zum Feiern frei und stellen Sie Gegenstände, die stören, umfallen oder kaputtgehen könnten, raus aus der Partyzone.

Die Einladung

Einladungen selbst machen, bringt viel Spaß und steigert die Vorfreude. Kleine Kinder kleben Sticker auf Karten, Vorschulkinder malen vorgeschriebene Texte ab, und größere Kinder gestalten ihre Einladung ruhig ganz allein. Anstelle von Karten sind auch bunte Luftballons, Pergamentpapierrollen, eine Flaschenpost oder die selbst gebastelten Schächtelchen von Seite 10 lustig.

Das Essen

Kinderfeste finden in der Regel am Nachmittag statt. Deshalb gibt es oft zu Beginn des Festes Kuchen oder Gebäck. Das kann die toll dekorierte Geburtstagstorte sein oder ein paar schnell gerührte Muffins. Originelle Rezepte dafür gibt es ab Seite 14. Den Kindern zusätzlich Schüsseln mit Chips und Süßigkeiten hinzustellen, ist keine gute Idee und endet nicht selten mit verdorbenem Magen. Empfehlenswerter ist ein gemeinsamer Snack am Ende des Festes. Das spart das Abendessen und ist ein perfekter Ausklang des Tages. Ab Seite 66 finden Sie Anregungen, für die Sie nicht ewig in der Küche stehen müssen. Der Abschluss eines Festes kann aber auch ein Picknick sein - das schmeckt bei schlechtem Wetter auch auf dem Kinderzimmerboden! Oder Sie backen gemeinsam mit den Kindern einen Snack, wie die Windräder von Seite 72 oder Käsefüße von Seite 81. Weil man dafür genügend Zeit braucht, kann man das Kuchenessen ausfallen lassen und die Kinder vielleicht nur mit einem Eis am Stiel begrüßen. Oder mit einem bunten Fruchtcocktail, einem Smoothie oder einer Kinderbowle. Rezepte dafür finden Sie auf den Seiten 61 bis 65. Auch während des Festes sind Getränke wichtig, am besten bieten Sie dann Wasser, nur leicht gesüßte Früchtetees und Saftschorlen an.

Weniger ist mehr

Ihre Wohnung können Sie getrost nach dem Fest sauber machen. Die Kinder achten gewiss nicht darauf, ob alles blitzt und an seinem Platz ist, und die Eltern der Gastkinder dürfen Sie heute direkt an der Tür verabschieden. Erledigen Sie alles, was möglich ist, bereits am Vortag: Kuchen backen, Zimmer umräumen und dekorieren, Fotoapparat und Spielutensilien bereitstellen. Holen Sie sich ruhig Unterstützung durch eine gute Freundin oder die Patentante. Nur, wenn Sie sich selbst nicht übernehmen, macht Ihnen die Feier auch Spaß.

DAS MUSS

AUF DIE EINLADUNG:

-Wo findet das Fest statt?
Name,
Adresse,
Telefonnummer.
-Wann und bis wie lange
wird gefeiert? (Bring- und
Abholzeit am besten
genau festlegen.)
-Hinweis auf entsprechen-
de Kleidung, wenn ein Teil
des Programms im Freien
stattfindet oder viele wil-
de Spiele geplant sind.

EIN BUNTES PROGRAMM

Etwa drei Stunden, das ist der perfekte Zeitrahmen für ein Geburtstagsfest. Es muss nicht jede Minute ausgefüllt sein, aber ein grober Plan, wie der Nachmittag ablaufen sollte, ist hilfreich.

Spiel und Spaß

Ob Flaschendrehen, Luftballontanz oder Topfschlagen: Überlegen Sie mit dem Geburtstagskind, welche Spiele infrage kommen. Achten Sie darauf, dass sich ruhige und aktionsreiche Spiele abwechseln, damit die Kinder nicht überdrehen. Papierflieger bauen, Taschen, T-Shirts oder Geschirr bemalen, Blumenkränze binden, Kerzen verzieren ... Auch das macht Geburtstagsgästen Spaß. Im Freien bietet sich eine Olympiade oder ein Geschicklichkeitsparcours an. Schulkinder darf man auch mal sich selbst überlassen, etwa um ein Theaterstück, ein Musikprogramm, eine Modenschau oder eine Zirkusvorstellung einzustudieren. Sie selbst sind dann Zuschauer und können die Aufführung filmen. Kurzweilig ist eine gemeinsame Schatzsuche, bei der die Kinder an verschiedenen Stationen Fragen beantworten oder Aufgaben erfüllen müssen. Zuletzt wartet ein „Schatz" auf sie, etwa ein Freundschaftsbändchen oder eine Wunderkerze für einen Herzenswunsch. Oder: Sie machen einen Picknickkorb mit einem Abschiedssnack zum Schatz.

Feiern mit Motto

Egal, ob Piratenfete, Geburtstag auf dem Schloss, Nixenfest, Wikingersause, Feenzauber, Hexen- oder Gespenstertreffen: Für Fantasiewelten sind Kinder immer zu haben. Piraten bekommen zur Begrüßung Kopftücher und Augenklappen, Prinzessinnen eine Krone und einen Rock aus Tüll, die Hexen Hüte und die Gespenster Bettlaken. Dann die Gesichter passend bemalen und Fotos machen! Das Topfschlagen heißt beim Hexenfest „Krötenklopfen", bei der Piratenparty „Schatzsuche" und bei der Gespensterfeier „Spuk um Mitternacht". Und zum Essen gibt es Schlosstorte, Meerjungfrau-Cupcakes, Zauberstäbe, Würstchenmumien und Wikingerbrote.

Ende gut, alles gut

Praktisch, wenn die Kinder zum Abholen schon draußen sind. Ist es bereits dunkel, macht ein Laternenzug Spaß. Im Sommer kann man ein Abschiedsbild mit Straßenkreide malen, im Winter vielleicht einen Schneemann bauen. Draußen darf's auch etwas wilder zugehen: Fangen, Sackhüpfen, Versteinern – solche Spiele garantieren Spaß bis zur letzten Minute.

WICHTIG:
Fotoapparat oder Handy
für lustige Schnappschüsse
nicht vergessen!

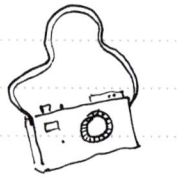

TIPPS UND TRICKS: SO LÄUFT DIE PARTY RUND

Manchmal reichen Kleinigkeiten aus, um die Stimmung bei einem Kinderfest kippen zu lassen. Da gerät man - gerade bei den ersten Kindergeburtstagen - ganz schön ins Schwitzen. Hier ein paar Tipps, damit es gar nicht so weit kommt.

Grenzen setzen

Wenn Kinder Spaß haben, sind sie oft nicht zu bremsen. Deshalb ist es sinnvoll, das Fest räumlich zu begrenzen. Zeigen Sie Ihren kleinen Gästen anfangs, wo sie feiern dürfen und welche Räume tabu sind. Erklären Sie ihnen auch unbedingt gleich zu Beginn die Regeln Ihres Hauses, etwa wenn das Rumhüpfen auf dem Sofa oder Türenknallen verboten ist. Stellen Sie wertvolle, zerbrechliche oder gefährliche Gegenstände weg und denken Sie daran, dass Sie die Aufsichtspflicht für alle Kinder haben. Auch wenn Sie im Freien feiern, sollten Sie feste Regeln aufstellen und bestimmen, in welchen Bereichen sich die kleinen Gäste aufhalten dürfen.

Der Umgang mit kleinen Partygästen

Häufig kommt es vor, dass das Geburtstagskind während der Party bockig oder zickig ist. Wir vergessen oft, dass es für ein Kind genauso schwierig ist, im Mittelpunkt zu stehen, wie unbeachtet zu bleiben. Verbunden mit hohen Erwartungen an den besonderen Tag, genügen dann scheinbare Kleinigkeiten, um es aus der Bahn zu werfen. Die beste Stragetie, um die Situation zu retten: Das Kind beiseitenehmen, ruhig nach dem Grund seines Verhaltens fragen und Verständnis zeigen.

Manchmal gibt es kleine Gäste, die partout nicht mehr mitspielen wollen. Lassen Sie solche Kinder einfach eine Runde aussetzen, bieten Sie an, dass sie jederzeit kommen können, sobald sie wieder Lust haben. In der Regel kommen die Kinder dann von selbst. Auch bei einem Geburtstagsfest lässt sich Streit nicht immer vermeiden. Nur bei heftiger oder länger andauernder Zankerei sollten Sie sich einmischen und ein kurzes, klares Machtwort sprechen. Penetrante Störenfriede gibt es zwar selten, aber die darf man auch von den Eltern abholen lassen.

Wenn die Kinder außer Rand und Band geraten, ist es höchste Zeit für ein ruhiges Spiel. Noch besser wäre ein Ortswechsel: eine Runde Tauziehen im Hof, Ballspielen im Garten oder zum Kästchenhüpfen vors Haus. Solche Aktivitäten sind auch hilfreich, wenn sich - denn auch das kommt vor - Langeweile breitmacht.

TIPP:

Wenn man die Eltern beim Abholen auf ein Gläschen ins Haus bittet, drehen die Kinder oft noch mal richtig auf und der Geburtstagsfeier fehlt ein richtiger Abschluss. Wer das nicht möchte, lädt die Eltern lieber ein anderes Mal ein.

...EINLADUNGEN...

DAFÜR BRAUCHT MAN:

- DRUCKER
- PAPIER DIN A4
- GROßE STREICHHOLZ-
  SCHACHTELN WEIß
- BUNTE PAPIERE
- KREISSTANZER 5CM Ø
- FILZSTIFT SCHWARZ
- ABC-STEMPELSET
  + STEMPELKISSEN
- SCHERE
- FOTOKARTON
- KLEBER
- KLEBEPUNKTE PINK

① VORLAGEN GEBURTS-
TAGSMOTIVE AUS DEM
INTERNET HERUNTER-
LADEN + AUSDRUCKEN.

 SIEHE
S. 88

② SCHACHTELRÜCK-
WÄNDE INNEN MIT
BUNTEM PAPIER
BEKLEBEN.

③ EINLADUNGS-
MOTIVE AUF
FOTOKARTON
KLEBEN + AUS-
SCHNEIDEN.
LASCHE
UMFALZEN
+ MOTIV IN
DIE SCHACHTEL KLEBEN.

④ SCHACHTELDECKEL
NACH WUNSCH VER-
ZIEREN, Z.B. MIT
BUNTEN PAPIEREN
+ AUSGESTANZTEN
KREISEN BEKLEBEN
+ BESTEMPELN/
BESCHRIFTEN.

GEBURTSTAGSGRUß

DAFÜR BRAUCHT MAN:
- CRINKLEPAPIER
        50 X 70 CM
- NÄHMASCHINE
- GARN ROT
- DRUCKER
- PAPIER WEIß
- BUNTE PAPIERE
- SCHERE
- BLEISTIFT
- KLEBER
- MASKING TAPE
- SCHNUR
- AST, CA. 55 CM LANG

① CRINKLEPAPIER
MITTIG FALTEN +
1X RINGSUM MIT
ROTEM GARN
AUF DER NÄHMASCHINE
ZUSAMMENNÄHEN.

② SCHRIFTZUG
AUS DEM INTERNET
HERUNTERLADEN
+ AUSDRUCKEN.

↓ SIEHE
S. 88

③ BUCHSTABEN
AUF BUNTE PAPIERE
LEGEN, UMZEICHNEN
+ AUSSCHNEIDEN,
AUF DAS
CRINKLEPAPIER
KLEBEN.

④ MASKING TAPE
BEIDSEITIG ALS
FRANSEN UNTEN AN
DAS BANNER KLEBEN,
DIESES OBEN CA. 5 CM
ÜBER DEN AST
LEGEN + FESTKLEBEN
MIT SCHNUR AUFHÄNGEN.

KAPITEL 1

KUCHEN ÜBER RASCHUNG

Zugegeben: Ganz easy sehen die Geburtstagskuchen auf den nächsten Seiten nicht immer aus. Aber keine Angst, ihre Zubereitung ist supereinfach, auch für Backanfänger — versprochen! Etwas Zeit und Liebe zum Detail brauchen Sie natürlich, aber dafür gibt es diese Kuchen auch nirgends zu kaufen. Und wie könnte ein Geburtstag schöner beginnen, als mit einem so liebevoll gemachten Unikat und einem fröhlichen Ständchen am Bett? Übrigens: Wenn's gerade nichts zum Feiern gibt, schmecken alle Kuchen auch ohne Deko richtig lecker.

KINDERGEBURTSTAG

KUCHENDEKO FÜR ZUHAUSE

STÄBCHENPROBE:

Backzeiten variieren je nach Herd. Deshalb immer die Stäbchenprobe machen: Dafür nach der angegebenen Zeit ein Holzstäbchen in die Mitte des Gebäcks stecken. Bleibt beim Herausziehen kein Teig mehr kleben, ist der Kuchen durchgebacken.

SO KLAPPT ES PERFEKT:

Kuchen und Torten vor dem Verzieren auf einen stabilen Kuchenkarton stellen, damit sie beim Transport auf die Servierplatte keinen Schaden nehmen. Oder: Gleich auf die Platte stellen und Butterbrotpapierstreifen seitlich unter den Kuchen schieben. Diese lassen sich nach dem Verzieren fix herausziehen.

Backen ist trendy, und so gibt es im Supermarkt jede Menge Hilfsmittel, die aus einfachen Kuchen im Handumdrehen bunte Torten machen. Aber die sind doch zu süß, zu bunt und ungesund, höre ich viele sagen. Kuchen- und Tortendeko gehören natürlich nie zur ausgewogenen Ernährung, aber es ist ja auch nicht jeden Tag Kindergeburtstag. Also ran an die Kuchendeko – es macht echt Spaß, damit zu experimentieren!

MARZIPANROHMASSE besteht aus geschälten Mandeln und maximal 35 Prozent Zucker. Kurz durchgeknetet, lässt sie sich in unterschiedliche Formen bringen oder als Tortendecke und Muffinüberzug ausrollen. Marzipanrohmasse kann man gut mit Lebensmittelfarbe einfärben, es gibt sie aber bereits gefärbt zu kaufen.

ROLLFONDANT ist eine fertige, elastische Zuckermasse zum Überziehen und Dekorieren von Kuchen, Torten und Muffins. Vor dem Verarbeiten mit den Händen intensiv durchkneten. Ausrollen lässt sich Rollfondant, übrigens ebenso Marzipan, am besten zwischen zwei Lagen Backpapier. Fondant gibt's in verschiedenen Farben, weißer kann individuell eingefärbt werden. Wem Zucker zu langweilig ist: Fondant gibt es auch mit Geschmack, etwa Vanille, Erdbeere oder Banane.

MODELLIERSCHOKOLADE enthält weiße Schokolade und schmeckt auch danach. Sie lässt sich ebenso wie Marzipanrohmasse und Fondant weich kneten, modellieren, ausrollen und ausstanzen. Ihr Vorteil gegenüber den beiden anderen: Sie hält auch auf Sahne. In verschiedenen Farben erhältlich.

LEBENSMITTELFARBEN gibt es als Pulver und Pasten. Damit kann man Zuckerguss, Fondant, Modellierschokolade, Kuchenteige, Flüssigkeiten und Cremes wunderbar einfärben. Die Farben sind backfest, geschmacks- und geruchsneutral und lassen sich auch untereinander mischen. Manche sind sehr intensiv, also anfangs sparsam einsetzen. Wer keinen Wert auf leuchtende Farben legt, kauft Biofarben. Die färben sanfter mit natürlichen Zutaten wie Rote Bete, Kurkuma oder Matcha.

ZUCKERDEKORE werden in allen erdenklichen Formen und Farben angeboten. Achten Sie aufs Etikett: Nicht alle darf man mitbacken, manche lösen sich auf, wenn sie mit Sahne oder Cremes in Verbindung kommen. Zum Verzieren bietet auch das Süßigkeitenregal eine interessante Auswahl – von bunten Schokolinsen über Mini-Marshmallows bis hin zu lustigen Fruchtgummitieren.

ZUCKERSCHRIFT aus der Tube gibt es in unterschiedlichen Farben, mittlerweile sogar in Gold und Silber. Eine besonders gute Konsistenz zum Malen und Beschriften haben weiße und braune Zuckerschrift.

MARZIPAN-
ROH-
MASSE

ROLL-
FONDANT

LEBENSMITTEL-
FARBEN

ZUCKER-
SCHRIFT

ZUCKERDEKORE

MODELLIER-
SCHOKOLADE

TATÜTATA

+ TIPPS

AUCH GEKAUFTE KASTEN-
KUCHEN LASSEN SICH
BESTENS DEKORIEREN.

STATT MIT ROLLFONDANT
KÖNNEN SIE DEN KUCHEN
MIT ROT EINGEFÄRBTEM
ZUCKERGUSS ÜBERZIEHEN.

112

FEUERWEHRAUTO

Mit rotem Rollfondant aus dem Supermarkt wird der Marzipankuchen im Handumdrehen zum flotten Einsatzwagen. Ein paar Kekse, Schokolinsen und Zuckerschrift aus der Tube für die Details, und schon steht der rote Flitzer bereit, um von kleinen Feuerwehrfans bestaunt zu werden.

1 Für den Teig den Backofen auf 180 °C vorheizen. Die Kastenform einfetten. Die Eier trennen. Die Eiweiße zu steifem Schnee schlagen. Die Eigelbe mit dem Zucker und der Butter schaumig rühren. Die Marzipanrohmasse in kleine Würfel schneiden und unter die Eigelbmasse rühren. Mehl und Backpulver nur kurz unterrühren. Den Eischnee untermischen und den Teig im Ofen auf der mittleren Schiene etwa 50 Minuten backen. Abkühlen lassen.

2 Vom Kuchen 1 etwa 5 cm dickes Stück für die Fahrerkabine abschneiden. Die Wölbung an der Oberseite des übrigen Kuchens gerade abschneiden. Kuchen umdrehen, damit er eine perfekt glatte Oberfläche hat. Das Stück für die Fahrerkabine an der Anschnittstelle mit Konfitüre bestreichen und so auf den Kuchen setzen, dass die leicht gewölbte Seite nach vorn zeigt.

3 Den Rollfondant zwischen zwei Lagen Backpapier gleichmäßig rechteckig ausrollen und zwar so groß, dass der Fondant den Kuchen verhüllen kann. Den Fondant vorsichtig über den Kuchen legen und rundherum behutsam festdrücken. Reste abschneiden. Einen Butterkeks oben auf den Laderaum, einen zweiten auf die Fahrerkabine legen. Den dritten Butterkeks als Ladeklappe mit etwas Zuckerschrift an der Rückseite des Fahrzeugs befestigen.

4 Keks-Räder mit etwas Zuckerschrift an die Seiten des Fahrzeugs kleben. Von den Konfektstangen für Scheinwerfer, Rücklichter und als Halter für die Signallichter kleine Scheiben abschneiden und mit Zuckerschrift ankleben. Schokolinsen auf der Halterung auf der Fahrerkabine festdrücken. Restliche Konfektstangen in Stücke schneiden und als Schlauchelemente auf das Fahrzeug legen. Mit Zuckerschrift Fenster und Karosseriekonturen rundum sowie die Rufnummer 112 auf den Seiten aufmalen. Noch die Waffelleiter auf das Auto und tatütata – die Feuerwehr ist da!

ZUTATEN

FÜR 1 KASTENFORM MIT 25 CM LÄNGE

FÜR DEN TEIG:
Butter für die Form
5 Eier · 150 g Zucker
250 g weiche Butter
100 g Marzipanrohmasse
250 g Mehl
½ Päckchen Backpulver

FÜR DIE DEKO:
1 EL Konfitüre nach Geschmack
250 g roter Rollfondant
3 Butterkekse
weiße Zuckerschrift (Tube)
4 runde Doppelkekse für die Räder
3 runde, rote Konfektstangen als Schlauchelemente und Scheinwerfer
2 gelbe Schokolinsen für die Signalleuchten
1 lange Schaumwaffel für die Leiter

 ca. 50 Min.
+ 50 Min. Backzeit

KICKERKASTEN-KUCHEN

1 Für den Teig den Backofen auf 180 °C vorheizen. Die Kastenform einfetten. Die Eier mit der Butter und dem Zucker schaumig rühren. Kakaopulver und saure Sahne untermischen. Mehl und Backpulver unterrühren. Den Teig in die Form füllen und im Ofen auf der mittleren Schiene etwa 45 Minuten backen. Abkühlen lassen.

2 Den Kuchen umdrehen, sodass er auf der gewölbten Seite steht. Jetzt auf der oberen, glatten Seite mittig eine Fläche fürs Spielfeld ausschneiden. Dazu bleiben auf der langen Seite des Kuchens links und rechts etwa 4½ cm frei und in der Mitte wird mit einem Messer ein Feld von etwa 14 cm Länge, 6 cm Breite und etwa 2 cm Tiefe eingeschnitten. Den Teig mit einem Löffel vorsichtig abtragen.

3 Für die Deko den Puderzucker mit dem Kakaopulver mischen und mit etwa 6 EL Wasser zu einem glatten, nicht zu flüssigen Guss mischen. Den Kuchen mit dem Guss bepinseln, dabei das abgetragene Spielfeld auslassen. Den Guss antrocknen lassen.

4 Die grüne Modellierschokolade ausrollen, ein Spielfeld von 14 × 6 cm ausschneiden und in die Mulde des Kuchens legen. Von den Fruchtgummibändern 2 kleine Stücke als Tore abschneiden, mit etwas übrigem Guss bepinseln und an die Seiten des Spielfeldes setzen.

5 Mit weißer Zuckerschrift die Feldlinien aufs Spielfeld malen. Die Holzspieße auf etwa 15 cm Länge kürzen, einölen und die Gummibärchen als Kickerfiguren mittig aufspießen. Für jede Mannschaft gibt es eine Stange mit 1 Gummibärchen als Torwart, eine Stange mit 2 Gummibärchen als Verteidiger und eine Stange mit 2 Gummibärchen als Stürmer. Mini-Marshmallows als Griffe jeweils an die Enden spießen. Den Kuchen an der Seite in gleichmäßigen Abständen mit einem Messer leicht einkerben und die Stangen darin einhängen.

6 Von den Fruchtgummibändern längliche Streifen für die beiden Torzähler abschneiden. Je 5 Mini-Marshmallows nebeneinander darauflegen. Mit brauner Zuckerschrift jeweils Zahlen von 1 bis 5 daraufschreiben. Und jetzt: (Schoko-)Ball ins Spiel bringen!

ZUTATEN

FÜR 1 KASTENFORM MIT 25 CM LÄNGE

FÜR DEN TEIG:
Butter für die Form
4 Eier · 200 g weiche Butter
170 g Zucker
3 EL ungezuckertes Kakaopulver
3 EL saure Sahne · 250 g Mehl
½ Päckchen Backpulver

FÜR DIE DEKO:
130 g Puderzucker
4 TL ungezuckertes Kakaopulver
ca. 30 g grüne Modellierschokolade (oder grüner Rollfondant oder grüne Marzipanrohmasse)
grüne Fruchtgummibänder
weiße und braune Zuckerschrift (Tube)
6 Schaschlikspieße aus Holz · Öl
je 5 rote und orangefarbene Saft-Gummibären
Mini-Marshmallows

 ca. 55 Minuten
+ ca. 45 Min. Backzeit

+ FAN-LOGO
DIE SEITEN DES KUCHENS
BIETEN PLATZ FÜR DAS LOGO
VOM LIEBLINGSVEREIN.
DAS DARF AUCH AUF PAPIER
AUSGEDRUCKT SEIN.

AUTORENNBAHN

1 Für den Teig den Backofen auf 180 °C vorheizen. Die Backform einfetten. Die Eier mit der Butter und dem Zucker schaumig rühren. Das Apfelmus untermischen, dann das Mehl und das Backpulver nur kurz unterrühren. Den Teig in die Form füllen und im Ofen auf der mittleren Schiene etwa 40 Minuten backen. Herausnehmen und abkühlen lassen.

2 Den grünen Rollfondant geschmeidig kneten und daraus zwei Streifen ausrollen, die jeweils etwa 35 cm lang und 7 cm breit sind, die Seiten gerade schneiden. Die Grünstreifen rechts und links längs auf den Kuchen legen.

3 Den dunklen Rollfondant mit den Händen geschmeidig kneten und ausrollen, sodass ein etwa 35 cm langer und 9 cm breiter Streifen entsteht. Die Seiten mit einem Messer gerade schneiden. Den Streifen als Fahrbahn längs und mittig auf den Kuchen legen, sodass er mit den Grünstreifen überlappt.

4 Den Fahrbahnrand mit weißer Zuckerschrift markieren. Kleine Rallyefähnchen und einen Zielbanner in den Kuchen stecken. Druckvorlagen, die nur noch an kleine Holzspieße geklebt werden müssen, gibt es als Download im Internet (siehe S. 88). Gummibärchen als Zuschauer mit Zuckerschrift auf dem Grünstreifen befestigen. Kleine Mini-Flitzer aus der Spielzeugkiste oder die essbaren von S. 50 auf die Rennstrecke setzen.

Tipp:

Natürlich können Sie den Kuchen auch mit der Hälfte der Teigzutaten in einer runden Springform backen. Doch die Anschaffung einer rechteckigen Backform lohnt sich. Zum einen, weil sich darin der ideale Kuchen zum Mitnehmen in den Kindergarten oder in die Schule backen lässt: Bis zu 30 leckere Stücke lassen sich daraus schneiden. Zum anderen, weil es darauf viel Spielraum für Kuchenideen gibt: Aus der Rennstrecke lässt sich etwa auch eine **Flugzeug-Landebahn** machen. Im Ganzen grün eingefärbt, wird daraus ein **Fußballfeld**, dessen Linien Sie nur noch mit weißer Zuckerschrift aufmalen müssen.

ZUTATEN

FÜR 1 RECHTECKIGE BACK-FORM MIT 35×23 CM

FÜR DEN TEIG:
Butter für die Form
7 Eier · 500 g weiche Butter
250 g Zucker · 500 g Apfelmus
500 g Mehl
1 Päckchen Backpulver

FÜR DIE DEKO:
250 g grüner Rollfondant
125 g grauer oder schwarzer Rollfondant
weiße Zuckerschrift (Tube)
Fähnchen und Zielbanner
Gummibärchen
Mini-Flitzer (Rezept siehe S. 50)

 ca. 45 Min.
+ 40 Min. Backzeit

+ I-TÜPFELCHEN

AUS GEFÄRBTEM MARZIPAN LASSEN
SICH SCHNELL KLEINE MÖHREN ALS
PFERDEFUTTER KNETEN.

PFERDEKOPPEL

1 Für den Teig die Vollmilchkuvertüre in Stücke brechen und über dem warmen Wasserbad langsam schmelzen lassen. Darauf achten, dass sie nicht zu heiß wird, sonst klumpt sie und ist nicht mehr zu gebrauchen. Backofen auf 180 °C vorheizen. Die Form einfetten und den Boden mit Mandelblättchen ausstreuen.

2 Die Eier trennen. Eiweiße zu steifem Schnee schlagen. Eigelbe mit Butter und Zucker schaumig rühren. Die geschmolzene Kuvertüre unterrühren, dabei mindestens 6 EL Kuvertüre für die Deko übrig lassen. Damit wird später der Koppelzaun am Kuchen befestigt. Mandeln und Eischnee unter die Eier-Schoko-Masse mischen. Den Teig in die Form füllen und im Ofen auf der mittleren Schiene etwa 30 Minuten backen. Abkühlen lassen.

3 Inzwischen die weiße Kuvertüre über dem warmen Wasserbad langsam schmelzen lassen. Mit etwas Speisefarbe grasgrün einfärben. Die Mitte des Kuchens mit Kakaopulver bestreuen. Die grüne Kuvertüre als etwa 3 cm breite Grasfläche außen rund um den Kuchen verteilen, mit einem Messer verstreichen, dabei etwas verwischen, damit die Fläche ein wenig uneben wirkt. Die Kakaofläche mit gehackten Mandeln bestreuen.

4 Als Zaunpfähle je 4 Schokoriegel an die langen Seiten und je 3 Schokoriegel an die kurzen Seiten des Kuchens setzen. Dafür die Schokoriegel an der glatten Seite bis knapp zur Hälfte mit der übrigen dunklen Kuvertüre bestreichen und damit an den Kuchen kleben. Dann mit Kuvertüre rundherum einen Zaun aus Keksstäbchen ankleben. Alle Pfähle und Stäbe rundherum noch mal andrücken. Zuletzt die Ponys auf die Koppel stellen.

Varianten:

Verschiedene Spielzeug-Tiere, eine Hundehütte aus Butterkeksen und eine Schokoladensuhle für ein Schweinchen – so schnell wird die Koppel zum **Bauernhof**. Oder wie wär's mit einem **coolen Beach**? Den Kuchen flächig mit braunem Rohrzucker bestreuen, mit Meeresfrüchten aus Nugat belegen, eine Waffel zur Luftmatratze umfunktionieren, ein Gummibärchen darauflegen und ein Cocktailschirmchen darüber aufspannen.

ZUTATEN

FÜR 1 RECHTECKIGE BACK-FORM MIT 35 × 23 CM

FÜR DEN TEIG:
400 g Vollmilchkuvertüre
Butter und Mandelblättchen für die Form
8 Eier · 400 g weiche Butter
250 g Zucker
400 g gemahlene Mandeln
(am besten ganze Mandelkerne im Blitzhacker nicht zu fein mahlen)

FÜR DIE DEKO:
150 g weiße Kuvertüre
grüne Speisefarbe (Tube)
Kakaopulver
ca. 50 g gehackte Mandeln
14 Schokoriegel mit Milchfüllung (kleine Größe)
16 Keksstäbchen mit Schoko-überzug
2 kleine Spielzeug-Ponys

ca. 55 Min.
+ ca. 30 Min. Backzeit

MÄRCHENSCHLOSS

Himbeercreme, Knuspertürme, Perlen und Sterne: Davon träumen kleine Prinzessinnen. Ein Traum, der sich ganz leicht erfüllen lässt.

1 Für den Teig Ofen auf 180 °C vorheizen. Springform einfetten. Eier mit Butter und Zucker schaumig rühren. Ricotta und Zitronensaft unterrühren. Erst Mandeln, dann Mehl und Backpulver nur kurz unterrühren. Teig in die Form füllen und im Ofen auf der mittleren Schiene etwa 45 Minuten backen. Abkühlen lassen.

2 Für die Creme frische Himbeeren verlesen und abbrausen, tiefgekühlte Beeren auftauen lassen. Die Beeren mit Frischkäse und Zucker pürieren. Die Sahne steif schlagen und die Beerenmischung unter die Sahne rühren. Den Kuchen rundherum mit der Himbeercreme bestreichen.

3 Für die Deko den Puderzucker mit etwa 3 EL Wasser zu einem glatten, zähflüssigen Guss rühren. Mit ein wenig Speisefarbe rosa einfärben. Die Eiswaffeltüten mit Zuckerguss bestreichen, etwas abtropfen lassen. Rundherum mit Zuckerperlen und Zuckersternen bestreuen und als Türme auf die Torte setzen.

4 Zwischen die Türme jeweils 2 Waffelröllchen setzen und in die Zwischenräume Mini-Kekse stellen – fertig ist der Prinzessinnen-Traum!

Tipps:

Wenn die Waffeltüten eine schrägen Rand haben, können Sie sie vorsichtig mit einem gezackten Brotmesser gerade schneiden.

Damit die Waffeldeko nicht weich und die Creme nicht trocken wird, backen Sie den Kuchen am Vortag und dekorieren ihn erst am Geburtstagsmorgen. Die Zuckergusstüten lassen sich auch schon vorbereiten, der Rest der Deko geht dann ganz schnell.

Mit Fertigkuchen: Die Himbeercreme aus 200 g Himbeeren, 400 g Frischkäse, 4 EL Zucker und 200 g Sahne zubereiten, einen gekauften Wiener Tortenboden damit füllen und rundherum bestreichen. Wie im Rezept beschrieben dekorieren.

ZUTATEN

FÜR 1 SPRINGFORM MIT 26 CM DURCHMESSER

FÜR DEN TEIG:
Butter für die Form
6 Eier · 250 g weiche Butter
200 g Zucker · 350 g Ricotta
5 EL Zitronensaft
150 g gemahlene Mandeln
300 g Mehl
1 Päckchen Backpulver

FÜR DIE CREME:
150 g Himbeeren (frisch oder tiefgekühlt)
300 g Frischkäse
3 EL Zucker
150 g Sahne

FÜR DIE DEKO:
100 g Puderzucker
rote Speisefarbe (Tube)
4 Eiswaffeltüten
Zuckerperlen und Zuckersterne
8 Waffelröllchen
12 Mini-Butterkekse

ca. 55 Min.
+ ca. 45 Min. Backzeit

+ FIXE VARIANTE

STATT HIMBEERCREME SCHMECKT
AUCH ROSA ZUCKERGUSS: DAFÜR
450 G PUDERZUCKER MIT ETWA
10 EL ZITRONENSAFT UND ETWAS
ROTER SPEISEFARBE ZU EINEM
GLATTEN GUSS VERRÜHREN.

ELEFANT
PERFEKT FÜR KLEINE
SAFARI-FANS

BÄR
NICHT ZUM KNUDDELN,
DAFÜR MIT
SPANNENDEM INHALT

KATZE
DA SCHLAGEN MÄDCHENHERZEN
HÖHER ...

...WUNDERTÜTEN...

DAFÜR BRAUCHT MAN
- KLEINE PAPIERTÜTEN MIT BODEN
- FOTOKARTON WEISS
- DRUCKER
- PAPIER
- FILZSTIFT SCHWARZ
- SCHERE
- KLEBER
- KLEBEBAND
- BUNTE BÄNDER

① TIERSCHNAUZEN, ELEFANTENRÜSSEL + OHREN AUS DEM INTERNET HERUNTER-LADEN + AUSDRUCKEN.

⊥ SIEHE S. 88

② DIESE TEILE AUF FOTOKARTON KLEBEN + AUS-SCHNEIDEN.

③ RÜSSEL + SCHNAUZEN AUF DIE TÜTEN KLEBEN. MIT DEM FILZSTIFT DAS GESICHT AUFZEICHNEN.

④ DIE TÜTEN MIT MITGEBSELN FÜLLEN + MIT KLEBEBAND SCHLIESSEN. OHREN ANKLEBEN. BUNTE BÄNDER UM DIE TÜTEN BINDEN.

WÜNSCH-DIR-WAS-KUCHEN

Die Sterne müssen nicht rosa und rot sein: Dekorieren Sie den Kuchen in den Lieblingsfarben des Geburtstagskindes. Auch die weiße Kuvertüre lässt sich mit etwas Speisefarbe aus der Tube im Nu einfärben.

1 Für den Teig den Backofen auf 180 °C vorheizen. Die Springform einfetten und den Boden mit Mandelblättchen ausstreuen. Die Mandarinen in einem Sieb abtropfen lassen.

2 Die Eier trennen. Die Eiweiße zu steifem Schnee schlagen. Die Eigelbe mit der Butter und dem Zucker schaumig rühren. Saure Sahne und Mandarinen untermischen, die Früchte dürfen dabei zerfallen. Das Mehl, die Speisestärke und das Backpulver nur kurz unterrühren. Den Eischnee unterheben. Den Teig in die Form füllen und im Ofen auf der mittleren Schiene etwa 50 Minuten backen. Den Kuchen herausnehmen und auf einem Kuchengitter abkühlen lassen.

3 Für den Guss die Kuvertüre in Stücke brechen und über dem warmen Wasserbad langsam schmelzen lassen, dabei immer wieder umrühren. Darauf achten, dass die Kuvertüre nicht zu heiß wird, sonst klumpt sie. Den Kuchen mit der Kuvertüre gleichmäßig überziehen. Das geht am besten, wenn man die Kuvertüre langsam in die Kuchenmitte gießt und sie dann mit einem langen Messer oder einer Palette vorsichtig zu allen Seiten verteilt. Den Kuchen mit Zuckerdekor bestreuen und die Kuvertüre etwas antrocknen lassen.

4 Inzwischen die Modellierschokolade oder den Rollfondant etwa ½ cm dick ausrollen und daraus Sterne in verschiedenen Größen ausstechen. Die Sterne mit Zuckerstreuseln bestreuen und diese etwas festdrücken. Dann einige Sterne vorsichtig auf Cakepop-Stiele spießen und in verschiedenen Höhen in den Kuchen stecken. Mehrere kleine und vielleicht etwas dünner ausgerollte Sterne auf die noch nicht ganz angetrocknete Kuvertüre auf Kuchenrand und Oberfläche drücken. Kleine Zettelchen mit der Aufschrift „Wünsch dir was" schreiben und an die Stern-Lollies kleben. Nach Belieben noch Wunderkerzen in den Kuchen stecken und zum Gratulieren anzünden.

ZUTATEN

FÜR 1 SPRINGFORM MIT 26 CM DURCHMESSER

FÜR DEN TEIG:
Butter und Mandelblättchen
für die Form
2 Dosen Mandarinen
(à 175 g Abtropfgewicht)
4 Eier
250 g weiche Butter
200 g Zucker
200 g saure Sahne
300 g Mehl
100 g Speisestärke
1 Päckchen Backpulver

FÜR GUSS UND STERNE:
300 g weiße Kuvertüre
Zuckersterne, -blümchen
oder -streusel
je 100 g Modellierschokolade
oder Rollfondant in Rosa und Rot
Cakepop-Stiele

 ca. 50 Min.
+ 50 Min. Backzeit

KUCHEN MIT FERTIGEM ZUCKERGUSS ÜBERZIEHEN
UND STATT DER STERNE VERSCHIEDENE LOLLIES IN DEN
KUCHEN STECKEN — FERTIG IST DER LOLLIPOPCAKE!

DIESE CUPCAKES UND ALLE
MUFFINREZEPTE AUF DEN
FOLGENDEN SEITEN LASSEN
SICH, WENN'S SCHNELL GEHEN
SOLL, AUCH MIT GEKAUFTEN
MUFFINS ZUBEREITEN.

MEERJUNGFRAU-CUPCAKES

Schwups, da tauchen sie gerade ins Cupcake-Meer, die süßen Nixen. Die Schwanzflossen lassen sich aus blauer Modellierschokolade aus dem Supermarkt ausschneiden – ganz easy. Eine Vorlage gibt es im Internet (siehe S. 88). Wer keine Lust zum Schokobasteln hat, lässt Fische oder Haie aus Weingummi im Meer schwimmen.

1 Für den Teig den Backofen auf 180 °C vorheizen. Die Mulden eines Muffinblechs gut einfetten. Die Eier mit der Butter und dem Zucker schaumig rühren. Zitronen- und Orangensaft untermischen. Das Mehl und das Backpulver dazugeben und nur kurz unterrühren. Den Teig in die Mulden des Muffinblechs füllen und im Ofen auf der mittleren Schiene etwa 20 Minuten backen. Herausnehmen und auf einem Kuchengitter abkühlen lassen.

2 Inzwischen für die Deko eine Schablone für die Meerjungfrau-Schwanzflossen ausschneiden (Info zum Download der Vorlage siehe S. 88). Die Modellierschokolade etwa ½ cm dick ausrollen, die Vorlage darauflegen und 12 Schwanzflossen mit einem spitzen Messer ausschneiden. Jede Schwanzflosse vorsichtig auf einen Zahnstocher stecken.

3 Für das Topping den Frischkäse mit Puderzucker verquirlen und die Masse mit blauer Speisefarbe einfärben – es dürfen ruhig noch ein paar weiße Flecken zu sehen sein. Die Frischkäsecreme unregelmäßig auf die Muffins streichen, sodass sie wie ein aufgewühltes Meer aussieht. Die Schwanzflossen mit weißer Zuckerschrift bemalen und in die Muffins stecken.

Tipp:

Keine Modellierschokolade bekommen? Dann verkneten Sie einfach Marzipanrohmasse mit blauer Speisefarbe. Natürlich dürfen die Nixenflossen auch aus farblosem Marzipan sein. Vielleicht malen Sie dann bunte Schuppen mit farbiger Zuckerschrift. Oder Sie stecken einfach aus Fotokarton ausgeschnittene Schwanzflossen in die Muffins.

ZUTATEN

FÜR 12 CUPCAKES

FÜR DEN TEIG:
Butter für die Form
3 Eier
200 g weiche Butter
120 g Zucker
5 EL Zitronensaft
5 EL Orangensaft
200 g Mehl
½ Päckchen Backpulver

FÜR DEKO UND TOPPING:
blaue Modellierschokolade
Zahnstocher
300 g Doppelrahmfrischkäse
70 g Puderzucker
blaue Speisefarbe (Tube)
weiße Zuckerschrift (Tube)

 ca. 40 Min.
+ ca. 20 Min. Backzeit

SPINNENNETZ-MUFFINS

1 Den Backofen auf 180°C vorheizen. Die Mulden eines Muffinblechs einfetten oder Papierförmchen hineinsetzen. Kürbisfruchtfleisch pürieren.

2 Eier mit Butter, Zucker und Zimt verquirlen, das Kürbispüree unterrühren. Mehl und Backpulver nur kurz untermischen. Teig in die Mulden des Muffinblechs füllen und im Ofen auf der mittleren Schiene etwa 20 Minuten backen. Herausnehmen und auf einem Kuchengitter abkühlen lassen.

3 Mit weißer Zuckerschrift auf jeden Muffin ein Spinnennetz aufmalen. Eine Schokolinse als Spinne hineinsetzen, kleine Stücke Lakritz als Beine an die Schokospinne setzen.

ZUTATEN

FÜR 12 MUFFINS
Butter für die Form
250 g ausgelöstes Kürbisfruchtfleisch (oder geraspelte Möhren)
3 Eier • 150 g weiche Butter
200 g Zucker
1 TL Zimtpulver • 200 g Mehl
½ Päckchen Backpulver
weiße Zuckerschrift (Tube)
Schokolinsen • Lakritzschnecken

 ca. 25 Min.
+ ca. 20 Min. Backzeit

MINION-MUFFINS

1 Den Backofen auf 180°C vorheizen. Die Mulden eines Muffinblechs einfetten oder Papierförmchen (am besten blaue) hineinsetzen. Eier mit Butter und Zucker verquirlen. Ricotta unterrühren. Mehl und Backpulver untermischen. Teig in die Mulden des Muffinblechs füllen. Im Ofen auf der mittleren Schiene etwa 20 Minuten backen. Herausnehmen und auf einem Kuchengitter abkühlen lassen.

2 Puderzucker mit Zitronensaft und etwas Speisefarbe zu einem dicken Guss verrühren. Muffins damit bestreichen, trocknen lassen. Den Rollfondant dünn ausrollen und in längliche Streifen schneiden. Daraus die Brillenbänder formen und kleine Fondantkreise als Brillengläser daraufsetzen. Zuckeraugen mit etwas Zuckerschrift darauf befestigen. Aus dem Fondant noch Münder und Haare formen und auf die Muffins legen.

ZUTATEN

FÜR 12 MUFFINS
Butter für die Form
2 Eier • 150 g weiche Butter
150 g Zucker • 250 g Ricotta
200 g Mehl
½ Päckchen Backpulver
250 g Puderzucker
ca. 7 EL Zitronensaft
gelbe Speisefarbe (Tube)
ca. 100 g schwarzer Rollfondant
24 Zuckeraugen
weiße Zuckerschrift (Tube)

 ca. 40 Min.
+ ca. 20 Min. Backzeit

PARTY

HERZ-KLEEBLÄTTER

1 Für den Teig das Mangofruchtfleisch, wenn tiefgekühlt, auftauen lassen, dann in kleine Würfel schneiden. Den Backofen auf 180 °C vorheizen. Die Mulden eines Herz-Muffinblechs gut einfetten.

2 Die Eier mit der Butter, dem Zucker und dem Vanillezucker schaumig rühren. Die saure Sahne untermischen. Das Mehl und das Backpulver dazugeben und nur kurz unterrühren. Die Mangowürfel unterheben. Den Teig in die Mulden des Muffinblechs füllen. Achten Sie darauf, dass die Mangowürfel nicht oben aus dem Teig herausragen, denn dann lässt sich der Guss später nicht gleichmäßig verteilen, und außerdem bekommt er durch die Feuchtigkeit Risse. Die Muffins im Ofen auf der mittleren Schiene etwa 20 Minuten backen. Herausnehmen und auf einem Kuchengitter abkühlen lassen.

3 Die Herzen abkühlen lassen, dann aus der Form nehmen. Den gewölbten Rand mit einem Messer glatt schneiden und die Herzen umgedreht auf Butterbrotpapier setzen.

4 Den Puderzucker mit dem Zitronen- oder Limettensaft zu einem dickflüssigen, glatten Guss rühren und mit ein paar Tropfen Speisefarbe grün einfärben.

5 Die Herzen mit dem Zuckerguss überziehen. Das geht am besten, wenn Sie den Guss esslöffelweise auf die Oberfläche geben, dann fließt der Zuckerguss über den Rand und lässt sich auch an den Seiten mit einer Palette oder einem Messer gleichmäßig verstreichen. Wer mag, legt noch ein paar Zuckerherzen auf den Guss, solange er noch feucht ist. Trocknen lassen und je 4 Muffins zu einem Kleeblatt gruppieren.

Tipp:

Sie besitzen kein Muffinblech in Herzform? Dann backen Sie runde Muffins, rollen grüne Marzipanrohmasse oder grünen Rollfondant aus, stechen daraus Herzen etwa in Größe der Muffins aus und legen sie auf die Küchlein. Dann immer 4 Muffins zu einem Kleeblatt zusammensetzen.

ZUTATEN

FÜR 12 HERZEN

FÜR DEN TEIG:
100 g Mangofruchtfleisch
(frisch oder tiefgekühlt)
Butter für die Form
2 Eier
150 g weiche Butter
100 g Zucker
1 Päckchen Vanillezucker
100 g saure Sahne
200 g Mehl
½ Päckchen Backpulver

FÜR DEN GUSS:
250 g Puderzucker
5—6 EL Zitronen- oder
Limettensaft
grüne Speisefarbe (Tube)
Zuckerherzen nach Belieben

ca. 25 Min.
+ ca. 20 Min. Backzeit

GANZ FIX

HAPPY-BIRTHDAY-MUFFINS

Nutzen Sie das Muffindutzend doch auch mal für kleine Geburtstagsbotschaften. Bei diesem Rezept kommen einzelne Buchstaben mit Schokolinsen auf die Küchlein. Wer mehr zu sagen hat, schreibt Wörter oder Zahlen mit Zuckerschrift aus der Tube darauf.

1 Für den Teig den Backofen auf 180 °C vorheizen. Die Mulden eines Muffinblechs einfetten. Die Eier mit Butter und Zucker schaumig rühren. Die Schokotröpfchen untermischen. Das Mehl und das Backpulver nur kurz untermischen. Den Teig in die Mulden des Muffinblechs füllen und glatt streichen. Die Muffins im Ofen auf der mittleren Schiene 15 bis 20 Minuten backen. Herausnehmen und auf einem Kuchengitter abkühlen lassen.

2 Für die Deko die Kuvertüre in Stücke brechen und in einer Schüssel über dem warmen Wasserbad langsam schmelzen, dabei immer wieder umrühren. Darauf achten, dass die Kuvertüre nicht zu heiß wird, sonst klumpt sie. Die Muffins gleichmäßig mit der Kuvertüre bestreichen.

3 Sobald die Kuvertüre nicht mehr ganz flüssig, aber auch noch nicht fest ist, auf jeden Muffin mit Mini-Schokolinsen einen Buchstaben für einen Geburtstagsgruß legen, für „Happy Birthday" mit 13 Buchstaben kommen auf einen Muffin zwei Buchstaben. Wer z. B. „Alles Gute" auf die Muffins schreibt, kann die übrigen 3 Muffins noch mit Blümchen aus Schokolinsen verzieren. Besonders hübsch: Je etwa 8 Mini-Schokolinsen zu einer Luftballontraube legen und mit Zuckerschrift Schnüre an die bunten Luftballons malen.

Variante:

1 zerdrückte Banane unter den Teig mischen, dann aber nur 150 g Butter und 150 g Mehl verwenden.

FÜR 12 MUFFINS

FÜR DEN TEIG:
Butter für die Form
2 Eier
200 g weiche Butter
150 g Zucker
100 g Schokotröpfchen
200 g Mehl
1 TL Backpulver

FÜR DIE DEKO:
200 g weiße Kuvertüre
bunte Mini-Schokolinsen

 ca. 30 Min.
+ 15–20 Min. Backzeit

GANZ EASY

MUFFIN-IGEL

1 Die Sahne erhitzen und die Kuvertüre darin bei milder Hitze schmelzen, dann etwa 2 Stunden in den Kühlschrank stellen.

2 Den Backofen auf 180 °C vorheizen. Die Mulden eines Muffinblechs einfetten. Die Walnüsse im Blitzhacker grob hacken. Die Eier mit Butter, Honig, Zucker und Zimt verrühren. Die Walnüsse unterrühren, Mehl und Backpulver nur kurz untermischen und den Teig ins Blech füllen. Im Ofen auf der mittleren Schiene 20 bis 25 Minuten backen. Abkühlen lassen.

3 Die Schokosahne mit den Quirlen des Handrührgeräts cremig rühren und die Muffins damit bestreichen. Im vorderen Drittel die Schokosahne etwas spitz zulaufen lassen, 1 Schokolinse als Schnauze und je 2 Zuckeraugen in die Sahne drücken. Mandelstifte als Stacheln dahinter in die Schokosahne stecken.

ZUTATEN

FÜR 12 IGEL
150 g Sahne · 150 g Zartbitterkuvertüre · Butter für die Form
100 g Walnusskerne
3 Eier · 200 g weiche Butter
100 g Honig · 2 EL Zucker
1 TL Zimtpulver · 200 g Mehl
½ Päckchen Backpulver · 12 rote Mini-Schokolinsen · 24 Zuckeraugen · ca. 100 g Mandelstifte

⏱ ca. 50 Min. + 20–25 Min. Backzeit + 2 Std. Kühlzeit

MUFFIN-BÄREN

1 Die Sahne erhitzen und die Kuvertüre darin bei milder Hitze schmelzen, dann etwa 2 Stunden in den Kühlschrank stellen.

2 Den Backofen auf 180 °C vorheizen. Die Mulden eines Muffinblechs einfetten. Mandeln im Blitzhacker grob hacken. Eier mit Butter und Zucker verquirlen. Mandeln, Mehl und Backpulver untermischen. Teig in das Muffinblech füllen. Im Ofen auf der mittleren Schiene etwa 20 Minuten backen. Abkühlen lassen.

3 Schokosahne mit den Quirlen des Handrührgeräts cremig rühren und Muffins damit bestreichen. Mit Schokoraspeln bestreuen. Toffifee als Schnauze in die Sahne drücken. Kuvertüreplättchen als Augen in die Sahne drücken und je 1 Zuckerauge mit etwas Schokosahne daraufkleben. Kuvertüreplättchen als Ohren in die Schokosahne drücken und je 1 Schokolinse daraufkleben.

ZUTATEN

FÜR 12 BÄREN
150 g Sahne · 150 g Zartbitterkuvertüre · Butter für die Form
100 g Mandeln · 3 Eier
200 g weiche Butter
100 g Zucker · 200 g Mehl
½ Päckchen Backpulver
ca. 50 g Schokoladenraspel
12 Toffifee · 48 Kuvertüreplättchen · 24 Zuckeraugen
24 braune Schokolinsen

 ca. 40 Min. + ca. 20 Min. Backzeit + 2 Std. Kühlzeit

+ ECHT BÄRIG

FÜR EISBÄREN BACKEN SIE DIE
MUFFINS VON S. 33 UND VER-
ZIEREN SIE MIT WEISSER KUVER-
TÜRE UND KOKOSRASPELN.

+ TURBO-VARIANTE

GEKAUFTE BROWNIES MIT KUVERTÜRE UND SCHOKOLINSEN VERZIEREN.

GANZ EASY

BROWNIE-BAUSTEINE

Kleine Baumeister und zukünftige Ingenieure brauchen keinen fertigen Geburtstagskuchen. Lassen Sie sich überraschen, was sie mit den leckeren Brownie-Bausteinen alles anstellen …

1 Für den Teig die Vollmilchkuvertüre in Stücke brechen, in eine kleine Schüssel geben und über dem warmen Wasserbad langsam schmelzen lassen. Dabei ab und zu umrühren und aufpassen, dass die Kuvertüre nicht zu heiß wird, sonst klumpt sie und ist nicht mehr zu gebrauchen.

2 Den Backofen auf 180 °C vorheizen. Die Eier mit der Butter und dem Zucker schaumig rühren. Die geschmolzene Kuvertüre unterrühren, dann Mandeln und Mehl nur kurz untermischen.

3 In die Backform einen Bogen Backpapier einspannen, sodass der Boden damit ausgelegt ist. Den Teig in die Form füllen und auf der mittleren Schiene etwa 20 Minuten backen. Stäbchenprobe machen: Bleibt an einem Holzstäbchen, das Sie in den Kuchen stecken, kein Teig mehr kleben, die Form aus dem Backofen holen und den Kuchen abkühlen lassen.

4 Für den Guss die weiße Kuvertüre ebenfalls über dem warmen Wasserbad langsam unter Rühren schmelzen lassen. Dann auf vier Schälchen verteilen und mit ein paar Tropfen Speisefarbe rot, gelb, blau und grün einfärben.

5 Den Kuchen aus der Form lösen. Die Kuchenplatte in 6 Streifen à etwa 3½ cm schneiden. Die Streifen etwas auseinanderschieben und dann die Oberflächen nach Belieben mit der eingefärbten Kuvertüre bestreichen.

6 Die Schokolinsen in der passenden Farbe in Zweierreihen auf die Streifen legen, sodass jeweils Dreier-Bausteine und Zweier-Bausteine aus der gleichen Farbe entstehen. Die Bausteine mit einem Messer in die passende Größe schneiden und die Kuvertüre fest werden lassen. Fehlen nur noch ein paar kleine Geburtstagskerzen!

ZUTATEN

FÜR EINE QUADRATISCHE KUCHENFORM MIT 22 CM

FÜR DEN TEIG:
200 g Vollmilchkuvertüre
3 Eier · 150 g weiche Butter
100 g Zucker
100 g gemahlene Mandeln
150 g Mehl

FÜR DEN GUSS:
250 g weiße Kuvertüre
Speisefarbe in Rot, Gelb, Blau und Grün (Tube)
bunte Schokolinsen in Rot, Gelb, Blau und Grün

 ca. 30 Min.
+ ca. 20 Min. Backzeit

TIPP:
In der quadratischen Backform werden die Bausteine besonders hoch und gleichmäßig. Sie können den Teig aber auch einfach nur auf Backpapier streichen. Die Steine werden dann etwas flacher, weil der Teig leicht auseinanderläuft.

KAPITEL 2

SCHNUCKEL KRAM

In diesem Kapitel finden Sie alles, was einen Geburtstag bunt und süß macht: perfekte Kleinigkeiten, manche sogar mit Vitaminbonus, die sich oft schon am Vortag vorbereiten lassen. Vieles davon könnten Sie aber auch gemeinsam mit den Geburtstagsgästen zubereiten (siehe „Mach-mit"-Button bei den Rezepten). Sie werden sich wundern, wie viel Spaß Mini-Köche dabei haben. Und wenn Sie alles gut vorbereiten und klare Arbeitsanweisungen geben, bleibt auch das Chaos in der Küche überschaubar.

KINDERGEBURTSTAG

BANANENDELFINE

Bei Delfinen kam meine Tochter schon immer ins Schwärmen und empörte sich daher oft über die Haltung in Aquarien. Das leckere Schokolinsenbad für die Bananendelfine hat sie als artgerecht freigegeben.

1 Für das Delfinmaul die Bananen jeweils am Stielansatz gut 1 cm tief mittig einschneiden. Dieses „Maul" leicht öffnen und einen runden Schoko- oder Zuckergussball dazwischenklemmen. Seitlich mit einem wasserfesten Stift zwei Augen aufmalen.

2 Aus Backoblaten mit einer Schere für jeden Delfin eine halbrunde Rückenflosse und zwei Brustflossen ausschneiden. Bei jeder Banane die Schale an der oberen Seite leicht mit einem scharfen Messer einritzen und die Rückenflosse hineinstecken. Dann die Bananen an den unteren Seiten jeweils rechts und links leicht einritzen und die Brustflossen hineinstecken.

3 Gläser oder durchsichtige Becher etwa zur Hälfte mit Schokolinsen füllen und die Bananendelfine mit dem Hinterteil in das „Wasser" stecken.

ZUTATEN

FÜR 6 DELFINE
6 Mini-Bananen
6 kleine runde Schoko- oder
Zuckergussbälle
wasserfester Stift
kleine runde Backoblaten
blaue oder bunte Mini-
Schokolinsen

 ca. 15 Min.

HAPPY BANANA

Auf Bananen oder Mini-Bananen mit Zuckerschrift ein lachendes Gesicht aufmalen. Aus einem kleinen Papierserviettenstück ein dreieckiges Halstuch ausschneiden und um die Banane binden. Oder: um die Banane legen und mit einem Tupfer Klebstoff befestigen.

BANANENGEISTER

Weiße Kuvertüre schmelzen. Bananen schälen, halbieren und auf Cakepop-Stiele stecken, mit der Kuvertüre überziehen und trocknen lassen. Mit Zuckerschrift große Gespensteraugen aufmalen.

BANANENSPIESSE

Weiße oder dunkle Kuvertüre schmelzen. Bananen in mundgerechte Stücke schneiden, in Kuvertüre tauchen und auf Backpapier legen. Mit Schokostreuseln, gehackten Nüssen oder Zuckerdekor bestreuen, trocknen lassen und auf Schaschlikspieße stecken.

ganz easy

MACH MIT ↑

MACH MIT ↑

+ TIPP

SIEHT AUCH MIT WEISSEM
ODER ROSA ZUCKERGUSS
BEPINSELT SCHÖN AUS.

ZAUBERSTÄBE

Mit diesen leckeren Stäben lässt sich im Nullkommanichts gute Stimmung zaubern. Das werden kleine Feen oder Hexenmeister bestätigen. Keine Zeit zum Backen? Hex, hex – dafür gibt's unten die Blitzvarianten.

1 Für den Teig Butter mit Mehl, Zucker und Pistazien zu einem glatten Teig verkneten und etwa 30 Minuten kühl stellen.

2 Backofen auf 180 °C vorheizen. Teig zwischen zwei Lagen Backpapier ausrollen und daraus mit einer Ausstechform (etwa 6 cm Durchmesser) etwa 50 Sterne ausstechen. Aus der Hälfte der Sterne mittig Mini-Sterne ausstechen. Im Ofen auf der mittleren Schiene etwa 10 Minuten goldgelb backen. Abkühlen lassen.

3 Die Sterne ohne Loch mit glatt gerührter Konfitüre bestreichen. Je einen Schaschlikspieß mittig darauflegen, die Sterne mit Loch darüberlegen und vorsichtig zusammendrücken.

4 Plätzchen mit Wasser bepinseln und mit Silberpuder bestreuen. Etwas Puderzucker mit ein paar Tropfen Wasser zu einem dicken Guss rühren. Zuckerperlen mit dem Guss auf die Sterne kleben. Die Zauberstäbe mindestens 2 Stunden oder über Nacht fest werden lassen. Wenn dafür keine Zeit bleibt, die Plätzchen vor dem Zusammensetzen an den Rändern mit etwas Zuckerguss bepinseln, kurz antrocknen lassen. Dann kann man sie in ein Glas stellen oder in einen Kuchen stecken.

ZUTATEN

FÜR CA. 25 ZAUBERSTÄBE

FÜR DEN TEIG:
150 g weiche Butter
250 g Mehl
70 g Zucker
25 g gehackte Pistazien

AUSSERDEM:
rote Konfitüre
Schaschlikspieße oder Cakepop-Stiele
Dekor-Silberpuder (Backregal)
Puderzucker · Zuckerperlen

⏱ ca. 40 Min. + ca. 2 ½ Std. Kühlzeit + 10 Min. Backzeit

AUS MARZIPAN

Marzipanrohmasse (oder Rollfondant) fingerdick ausrollen und daraus Sterne ausstechen. Nach Belieben Streusel oder Zuckersterne in die Masse drücken. Fertige Sterne auf Schaschlikspieße oder Cakepop-Stiele stecken.

AUS GRISSINI

Weiße oder dunkle Kuvertüre im Wasserbad schmelzen. Grissini etwa zu zwei Dritteln in die Kuvertüre tauchen und dann mit Zucker- oder Glitzerstreuseln bestreuen. Zum Trocknen in ein Glas stellen.

MIT VITAMINEN

Melonen-, Gurken- oder Zucchinischeiben lassen sich prima mit einer Ausstechform zu Sternen ausstechen. Auf Schaschlikspieße stecken – fertig. Fast wie gehext, oder?

CAKEPOP-EISBECHER

Keine Lust auf eisverschmierte Kindermäulchen und -pfötchen? Diese Eisbecher halten auch hitzigen Geburtstagsfesten stand.

1 Die Mandarinen in einem Sieb gut abtropfen lassen. Den Kuchen in einer Schüssel mit den Händen fein zerbröseln. Die Butter, den Frischkäse und den Zucker dazugeben und alles gut verrühren. Zuletzt die Mandarinen und die Haferflocken untermischen und die Masse etwa 2 Stunden in den Kühlschrank stellen.

2 Die Waffel-Eisbecher auf ein großes Brett oder auf Brotpapier stellen. Von der Cakepop-Masse mit einem Eisportionierer Kugeln abstechen und in die Eisbecher setzen.

3 Den Puderzucker mit Zitronensaft zu einem dicken, zähflüssigen Guss verrühren. Auf zwei Schälchen verteilen und jeweils mit Speisefarbe in der gewünschten Farbnuance einfärben.

4 Die Teigkugeln mit Zuckerguss überziehen. Am besten jeweils einen Teelöffel voll Guss oben auf die Teigkugeln geben und dann mit einem Messer vorsichtig verstreichen. Die Waffelbecher sollen dabei ohne Guss bleiben, es darf aber ruhig etwas an den Seiten herunterlaufen. Je 3 Mini-Schokolinsen auf die überzogenen Kugeln setzen und den Guss trocknen lassen.

Tipp:

Damit die Cakepop-Masse nicht durch den Zuckerguss durchscheint, muss er dick und zähflüssig sein. Ist der Zuckerguss zu dünn, einfach noch mal Puderzucker dazurühren, bis die Konsistenz stimmt. Ist er zu fest und klebrig, tröpfchenweise Zitronensaft unterrühren.

ZUTATEN

FÜR 12 STÜCK
100 g Mandarinen
(aus der Dose)
350 g Rührkuchen (Zitronen-
oder Sandkuchen, selbst
gebacken oder gekauft)
70 g weiche Butter
150 g Frischkäse
100 g Zucker
100 g feine Haferflocken
12 kleine Waffel-Eisbecher
200 g Puderzucker
ca. 4 EL Zitronensaft
Speisefarbe in 2 verschiedenen
Farben (Tube)
bunte Mini-Schokolinsen

 ca. 30 Min.
+ 2 Std. Kühlzeit

MINI-FLITZER

Süße Autos basteln, damit können Sie garantiert alle Kinder begeistern.
Ideal, wenn beim Feiern Langeweile aufkommt. Wer mag, bastelt noch ei-
nen Parcours aus Tonpapier (wie auf dem Foto) und kleine Papiergaragen
(siehe Tipp). So kann jedes Kind seinen Flitzer mit nach Hause nehmen.

1 An den Schokoriegeln und an den Neapolitaner-Waffeln mit etwas Zuckerschrift jeweils 4 Schokolinsen als Räder befestigen. Die Reiswaffeln mit einem scharfen Messer zu Rechtecken schneiden und ebenfalls mit Zuckerschrift 4 Räder an die Seiten kleben. Gummibärchen auf den Schoko- und Waffelflitzern mit Zuckerschrift befestigen. Wer mag, kann die untere Hälfte abschneiden, dann ragt nur der Oberkörper der Gummibärchen aus dem Fahrzeug.

2 Die Modellierschokolade weich kneten, in 6 Stücke teilen und aus jedem Stück ein kleines Auto formen. Eine Mulde für die Fahrerkabine hineindrücken und ein Gummibärchen hineinsetzen. Mit Zuckerschrift Schokolinsen als Räder befestigen und Rallyestreifen auf die Autos malen.

3 Nach Belieben mit Zuckerschrift noch Scheinwerfer und Rückleuchten auf die Mini-Flitzer malen und antrocknen lassen.

Große Flitzer:

Größere Autos lassen sich aus selbst gebackenen oder gekauften kleinen Kastenkuchen machen. Dafür aus der Mitte des Kuchens eine Fahrerkabine ausschneiden und den Teig mit einem Löffel herausholen. Auto mit buntem Rollfondant umhüllen oder mit buntem Zuckerguss überziehen. Aus 8 Mini-Butterkeksen 4 Sitze in die Fahrerkabine setzen. Einen Lakritztaler als Lenkrad befestigen. Scheinwerfer und Rücklichter mit Zuckerschrift aufmalen und 4 runde Kekse als Räder ans Auto setzen. Gummibärchen als (Mit-)Fahrer hineinsetzen.

ZUTATEN

FÜR 24 FLITZER
6 Mini-Schokoriegel
6 Neapolitaner-Waffeln
(ca. 50 g)
Zuckerschrift (Tube)
bunte Schokolinsen
3 quadratische Reiswaffeln mit
Schokoüberzug
kleine Gummibärchen
Modellierschokolade in der
Lieblingsfarbe (ca. 100 g)

 ca. 20 Min.

> *TIPP:*
> *Eine fix gebastelte Papiergarage besteht aus einem Stück Pappe etwa in Größe der Mini-Flitzer. Die Pappe wird an den Längsseiten etwa 1 cm breit hochgeklappt. Lassen Sie die Kinder dann ein Stück Papier bemalen, das dann an den seitlichen Klappen festgeklebt wird, sodass ein halbrundes Dach entsteht.*

MACH
MIT ↑

EISPARFAIT-IGLU

Das Limetten-Eisparfait ist minutenschnell am Vortag gerührt und wird so fest, dass es auch nicht gleich beim Dekorieren und Servieren davonschmilzt. Es darf also gerne noch vor dem Vernaschen bestaunt werden.

1 Mascarpone mit der Sahne, dem Rahmjoghurt, dem Limettensaft und dem Puderzucker mit den Quirlen des Handrührgeräts verquirlen. Die Masse in eine Eisbombenform oder in eine gefrierfeste runde Schüssel mit etwa 20 cm Durchmesser füllen. Das Eisparfait zugedeckt mindestens 6 Stunden tiefkühlen.

2 Das Parfait aus der Tiefkühltruhe holen und die Form bzw. Schüssel kurz in heißes Wasser tauchen, damit sich der Rand löst. Das Parfait mit der ebenen Seite auf eine Platte stürzen.

3 Die Marshmallows längs halbieren und von unten beginnend Reihe für Reihe an die Eiskuppel setzen, dabei ein Stück für den Eingang des Iglus frei lassen. 3 Marshmallows längs halbieren und damit an der freien Stelle den Eingang markieren. Wer mag, streut noch Kokosraspel als Schnee um das Iglu.

Lustige Schneemänner:

Lassen Sie die Kinder im Vorfeld kleine Schneemänner basteln und stellen Sie die Figuren dann mit zum Iglu: Marzipanrohmasse zu Kugeln formen, Körper und Kopf zusammensetzen. Nach Belieben in Kokosraspeln wälzen. Gesicht mit Zuckerschrift aufmalen, eine Nase aus Marzipan reinstecken (es geht auch eine Mini-Schokolinse), nach Belieben Fruchtgummischnüre als Schal umbinden und eine Staniolpapier-Pralinenform oder 1 Stück Schokokuss als Hut aufsetzen. Keksstäbchen mit Schokoglasur als Besen danebenstellen. Und dann das Gruppenfoto mit allen Schneemännern nicht vergessen!

ZUTATEN

FÜR 8–10 PORTIONEN
400 g Mascarpone
300 g Sahne
250 g Rahmjoghurt
150 ml Limettensaft
150 g Puderzucker
300 g Marshmallows
Kokosraspel nach Belieben

 ca. 20 Min.
+ 6 Std. Kühlzeit

TIPP:
Das Iglu lässt sich auch als Geburtstagskuchen backen. Dann einen Biskuit- oder Rührkuchenteig (zum Beispiel den Teig des Wünsch-dir-was-Kuchens von S. 30) in einer halbrunden Backform backen. Den Kuchen mit geschlagener Sahne oder mit Frischkäsecreme überziehen und die Marshmallows wie beschrieben rundherum daraufsetzen.

+ FEINER FANG

LAKRITZ- ODER WEINGUMMIFISCHE AN
EINEM SCHASCHLIKSPIESS BEFESTIGEN,
IN EIN MARSHMALLOW STECKEN UND
VOR DAS IGLU STELLEN.

+ SCHOKOKUSS-SCHAUSPIELER

Mini-Schokoküsse auf gekürzte Schaschlikspieße stecken und nach Lust und Laune mit Süßigkeiten verzieren. Zum Beispiel Puffreis als Lockenwickler oder Fruchtgummibänder als Pagenkopf mit Zuckerguss an den Schokoküssen befestigen. Oder: Mit bunter Zuckerschrift eine Langhaarfrisur aufmalen. Pralinenkonfektförmchen werden zu modischen Hüten. Mit Zuckerschrift, fertigen Zuckermündern, Lakritzschneckenstückchen und Fondant lassen sich die Gesichter individuell gestalten. Als „Kleber" einen dickflüssig angerührten Guss aus Puderzucker und etwas Zitronensaft verwenden.

GEBURTSTAGSTHEATER

Sie suchen noch eine Überraschung für das Geburtstagskind? Basteln Sie ihm doch ein Schuhkarton-Theater! Die Schauspieler dafür können kleine Puppen und Stofftiere oder lustig verzierte Schokoküsse werden.

1 Den Deckel des Schuhkartons entfernen. In den Boden des Kartons ein Rechteck einzeichnen: Rechts, links und unten sollen 3 cm Rand stehen bleiben, oben 2 cm. Das Rechteck mit dem Cutter, am besten auf einer Schneidematte, ausschneiden. Der Karton ist jetzt das Grundgerüst für die Bühne.

2 Einen Streifen Fotokarton 3 cm hoch und so breit wie die Bühne ausschneiden. Einen Geschenkpapierstreifen in der gleichen Größe ausschneiden, auf den Fotokarton kleben und dann unten an die Front des Theaters kleben.

3 Für das halbrunde Kopfteil des Theaters, am besten mithilfe einer umgedrehten Schüssel, einen Halbkreis auf den Fotokarton aufzeichnen. Er soll in der Spitze etwa 10 cm hoch sein und etwa so breit wie der Schuhkarton. Das Kopfteil ausschneiden und dann mit entsprechend großem Geschenkpapier bekleben.

4 Auf 7 weiße Klebepunkte das Wort THEATER entweder aufstempeln oder mit Filzstift aufmalen. Jeweils erst einen weißen Klebepunkt auf das Geschenkpapier kleben und darauf einen bestempelten bzw. bemalten Klebepunkt, damit das Muster des Geschenkpapiers nicht durchscheint.

5 Einen Kreis von etwa 5 cm aus dem Fotokarton ausschneiden, mit Filzstift und Buntstift nach Belieben bemalen, eine kleine Krone aus Goldpapier ausschneiden und mittig in den Kreis kleben. Das Kopfteil des Theaters oben an die Frontseite der Bühne kleben. Die Pomponborte so auf die Rückseite des Schuhkartons kleben, dass sie unter dem Kopfteil herausschaut.

6 Für die Seitensäulen Fotokarton etwa 4 cm breit und etwas höher als den Schuhkarton ausschneiden, mit entsprechend großem Geschenkpapier bekleben. Säulen oben mit der Schere abrunden, jeweils seitlich an die Frontseiten des Theaters kleben.

ZUTATEN

FÜR DAS THEATER
1 Schuhkarton
Lineal · Cutter
Fotokarton DIN A4
Schere
Geschenkpapierreste
Kleber
14 weiße Klebepunkte
(ca. 32 mm Durchmesser)
ABC-Stempelset und Stempelkissen (nach Belieben)
Filzstift · Buntstift
Goldpapier 3 × 3 cm
ca. 30 cm Pomponborte

 ca. 40 Min.

TIPP:
Die leckeren Bühnenkünstler können Sie auch mit den Geburtstagsgästen zusammen machen – Sie werden sich wundern, welch interessante Kreationen dabei entstehen. Und danach gibt's natürlich eine lustige Theatervorführung.

SCHOKOFRUCHT-LOLLIES

1 Die Kuvertüre in Stücke brechen und in einer Schüssel über dem warmen Wasserbad langsam schmelzen lassen. Ab und zu umrühren und aufpassen, dass die Kuvertüre nicht zu heiß wird, sonst klumpt sie.

2 Die Früchte waschen und putzen bzw. schälen. Beeren ganz lassen, große Früchte in Stücke oder dicke Scheiben schneiden. Je einen Cakepop-Stiel in die Früchte stecken. Wenn die Früchte nicht halten, den Stiel vorher in Kuvertüre tauchen.

3 Die Fruchtlollies ganz oder teilweise in die geschmolzene Kuvertüre tauchen. Nach Belieben mit Nüssen, Kokosraspeln, Zuckerstreuseln oder Schokolinsen bestreuen und auf Backpapier trocknen lassen.

ZUTATEN

FÜR CA. 20 LOLLIES
150 g Vollmilchkuvertüre
Früchte der Saison (z.B. Äpfel, Erdbeeren, Kiwis, Bananen)
Cakepop-Stiele
gehackte Nüsse, Kokosraspel, Zuckerstreusel oder Mini-Schokolinsen

 ca. 25 Min.
+ ca. 30 Min. Trockenzeit

MELONE AM STIEL

1 Die Melone abwaschen und mit Küchenpapier trocken reiben. Aus der Mitte der Melone 2 mindestens fingerdicke Scheiben schneiden. Die Scheiben jeweils in 8 Tortenstücke schneiden.

2 Mit einem spitzen Messer in jedes Melonenstück mittig in die Melonenschale eine Öffnung schneiden und jeweils einen Eisstiel hineinstecken. Auf einer Platte anrichten und bis zum Servieren zugedeckt im Kühlschrank aufbewahren.

Tipp:

Aus dem übrigen Melonenfruchtfleisch lassen sich Sterne für Zauberstäbe ausstechen (siehe S. 47). Sie schmecken aber auch in der Kinderbowle (siehe S. 64).

ZUTATEN

FÜR 16 STÜCK
1 Bio-Wassermelone
16 Eisstiele aus Holz (Haushaltswarengeschäft)

 ca. 10 Min.

GLIBBERTIERE

1 Den Fruchtsaft mit dem Zucker in einem Topf zum Kochen bringen. Die Speisestärke mit etwas Wasser glatt rühren, mit dem Schneebesen unter den kochenden Fruchtsaft rühren, andicken lassen und den Topf vom Herd nehmen.

2 Die Tierförmchen kalt ausspülen und den Fruchtpudding einfüllen. Die Glibbertiere mindestens 1 Stunde in den Kühlschrank stellen.

3 Den Pudding mit einem Messer vorsichtig vom Rand lösen und aus den Förmchen auf eine Platte stürzen.

ZUTATEN

FÜR CA. 6 STÜCK (JE NACH GRÖSSE DER FÖRMCHEN)
½ l Fruchtsaft (z.B. Orangensaft, Apfelsaft oder Kirschsaft)
4–6 EL Zucker (je nach Süße des Saftes)
6 EL Speisestärke
Tier-Silikonförmchen

 ca. 10 Min.
+ ca. 1 Std. Kühlzeit

SEGELBOOTE

1 Die Kiwis halbieren. Den Apfel waschen, vierteln, entkernen und in Scheiben schneiden. Je 2 Apfelscheiben mit zwei Zahnstochern als Segel in 1 Kiwihälfte stecken.

2 Die Mini-Bananen schälen und halbieren. Die Aprikosen waschen, halbieren, entsteinen und dann dritteln. Je 2 Aprikosenspalten mit zwei Zahnstochern in 1 Bananenhälfte stecken.

Varianten:

Herzhafte Segelboote lassen sich zum Beispiel aus hart gekochten Eierhälften mit kleinen Schinkensegeln machen. Oder aus Eiertomatenhälften mit Gurkensegeln. Extralecker sind **gefüllte Boote**: Paprikahälften mit Frischkäse füllen und als Segel Gurken- oder Kohlrabischeiben auf Zahnstocher aufspießen.

ZUTATEN

FÜR 12 STÜCK
3 Kiwis
1 Apfel
Zahnstocher
3 Mini-Bananen
2 Aprikosen

 ca. 10 Min.

SCHLEMMERGLÄSCHEN

Hier können nicht mal Vitaminmuffel widerstehen. Am besten schreiben Sie die Namen der Gäste mit Glasmalstiften auf die Gläser. Mit ein paar Blümchen oder Herzen verziert, sieht das schön aus und verhindert auch, dass kleine Naschkatzen das Gläschen des Nachbarn stibitzen.

1 Die frischen Himbeeren verlesen, kurz abbrausen und in einem Sieb abtropfen lassen. Die tiefgekühlten Himbeeren in ein Sieb geben und auftauen lassen.

2 Den Mascarpone mit dem Quark, dem Orangensaft und 2 EL Puderzucker cremig rühren.

3 Die Hälfte der Himbeeren auf die Einmachgläser verteilen. Mit etwas vom restlichen Puderzucker bestäuben. Die Hälfte der Creme darübergeben. Die restlichen Himbeeren auf der Creme verteilen, wieder mit etwas Puderzucker bestäuben und mit der restlichen Creme bedecken.

4 Die Kekse in einen Gefrierbeutel füllen und mit der Handfläche vorsichtig zu groben Bröseln zerdrücken. Die Keksbrösel über die Mascarponecreme streuen. Die Gläser bis zum Servieren verschließen und kühl stellen.

ZUTATEN

**FÜR 6 EINMACHGLÄSER
À CA. 200 ML**
300 g Himbeeren (frisch oder tiefgekühlt)
250 g Mascarpone
250 g Speisequark
100 ml Orangensaft
3 EL Puderzucker
100 g Haferflockenkekse oder andere knusprige Plätzchen

 ca. 15 Min.

STRESSFREI

Die Gläschen können Sie schon am Vortag zubereiten und im Kühlschrank aufbewahren. Die Keksbrösel aber lieber erst kurz vorher darüberstreuen, damit sie schön knusprig bleiben.

FRÜCHTE NACH WAHL

Statt Himbeeren schmecken Erdbeeren, Heidelbeeren, klein gewürfelte Pfirsiche, Nektarinen, Mangos oder Pflaumen lecker.

CREMEVARIANTE

Die Creme lässt sich auch mit einer Mischung aus Joghurt und Mascarpone oder aber Quark und geschlagener Sahne zubereiten.

+ TIPP

SCHMECKT AUCH
FEIN MIT MANDELN
ODER CORNFLAKES
ALS TOPPING.

+ TIERISCH GUT

DIE WITZIGEN FLASCHEN-
BANDEROLEN SIND FIX GEMACHT –
WIE ES GEHT, LESEN SIE AUF
DER S. 62.

Fix gemacht

ganz easy

SÜDSEE-SMOOTHIE

Fruchtige Smoothies lassen sich gut vorbereiten und, in kleine Flaschen gefüllt, überall mit hinnehmen.

1 Die Ananashälfte längs durchschneiden, das Fruchtfleisch mit einem scharfen Messer von der Schale lösen, dann den Strunk wegschneiden. Das Fruchtfleisch würfeln und in den Standmixer geben. Die Bananen schälen, grob in Stücke schneiden und zu den Ananaswürfeln geben.

2 Den Saft zu den Früchten gießen und alles auf höchster Stufe cremig pürieren. Nach Belieben in einen Krug oder in kleine Fläschchen füllen und bis zum Fest in den Kühlschrank stellen.

ZUTATEN

FÜR CA. 1 LITER
½ **reife Ananas**
2 **Bananen**
¾ **l Orangensaft**

 ca. 10 Min.

BEEREN-SMOOTHIE

Diesen Smoothie können Sie mit frischen oder tiefgekühlten Früchten zubereiten. Wenn Sie Tiefkühlfrüchte verwenden und die Beeren nicht ganz auftauen lassen, ist der Drink gleich perfekt gekühlt.

1 Die Erdbeeren waschen, die Kelchansätze entfernen und die Früchte in den Standmixer füllen. Die restlichen Beeren verlesen, kurz abbrausen und zu den Erdbeeren geben.

2 Den Joghurt zu den Beeren geben und alles auf der höchsten Stufe cremig pürieren. Den Smoothie nach dem eigenen Geschmack mit Honig, Sirup oder Zucker süßen. Nach Belieben in einen Krug oder in kleine Fläschchen füllen und bis zum Fest in den Kühlschrank stellen.

ZUTATEN

FÜR CA. 1 LITER
300 g **Erdbeeren**
300 g **gemischte Beeren**
(z.B. **Himbeeren, Brombeeren,**
Heidelbeeren)
400 g **Naturjoghurt**
Honig, Holunderblütensirup
oder Zucker zum Süßen

 ca. 10 Min.

FLASCHENBANDEROLEN

DAFÜR BRAUCHT MAN:

- KLEINE FLASCHEN
  (Z. B. SALATDRESSING)

- DRUCKER
- PAPIER DIN A4
- SCHERE
- KLEBEFILM
- FOTOKARTON PINK
- KREISSTANZER
  3,8 CM Ø
- WEISSEN STIFT
- LOCHER
- KORDEL

① VORLAGEN FÜR DIE TIER- BANDEROLEN AUS DEM INTERNET HERUNTER- LADEN, AUSDRUCKEN + AUSSCHNEIDEN.

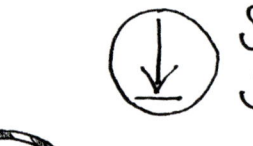

↓ SIEHE S. 88

(2) FLASCHEN MIT SMOOTHIES
FÜLLEN. DIE BANDEROLEN
UM SIE HERUM-
LEGEN
UND HINTEN
MIT KLEBEFILM
BEFESTIGEN.

(3) MIT DEM KREISSTANZER
KREISE AUS DEM FOTOKARTON
STANZEN, DIESE LOCHEN
UNDMIT DEN NAMEN DER
GEBURTSTAGSGÄSTE BE-
SCHRIFTEN. SCHILDCHEN AN
DIE FLASCHEN HÄNGEN.

KINDERBOWLE

Die Bowle schmeckt herrlich erfrischend. Es lohnt sich also, reichlich davon im Kühlschrank zu haben. Und wenn Reste bleiben, gibt es nach dem Geburtstagsfest ein Gläschen davon für Mama und Papa – am besten mit einem Schuss Prosecco aufgegossen. Mmmh!

1 Die Erdbeeren waschen, die Kelchblätter entfernen und die Früchte in eine große Glasschüssel füllen. Die Heidelbeeren verlesen, waschen und dazugeben.

2 Das Ananasfruchtfleisch von der Schale lösen, den Strunk entfernen, Fruchtfleisch in Würfel schneiden und zu den Beeren geben. Die Melone ebenfalls von der Schale lösen und in etwa 1 cm dicke Scheiben schneiden. Aus den Scheiben mit einer Ausstechform kleine Sterne ausstechen. Die Reste in Würfel schneiden. Melone zu den anderen Früchten geben.

3 Die Früchte mit dem Minztee und dem Apfelsaft aufgießen. Holunderblütensirup dazugeben und einmal umrühren. Die Bowle kühl stellen und kurz vor dem Servieren mit dem Mineralwasser auffüllen. Nicht vergessen: Kleine Gabeln oder Cocktailpikser zum Aufspießen der Früchte dazulegen.

Tipps:

Fruchtsaft-Eiswürfel halten die Bowle länger kühl und verwässern sie nicht. Frieren Sie den Saft am besten in lustigen Formen ein: Herzen, Sterne, Enten, Fische, Raupen, Hexen – das Angebot an Eiswürfelbehältern ist groß.

Rote Bowle: Die Kinderbowle schmeckt auch mit einer Mischung aus rotem Früchtetee und Johannisbeersaft, mit Mineralwasser aufgegossen. Als Früchte passen dann gemischte Beeren und Nektarinen- oder Pfirsichwürfel besonders gut.

ZUTATEN

FÜR CA. 8 GLÄSER
200 g Erdbeeren
50 g Heidelbeeren
¼ Ananas
¼ Melone
600 ml gut gekühlter Pfefferminztee (am besten aus frischer Minze)
600 ml gut gekühlter Apfelsaft
2 EL Holunderblütensirup
ca. 300 ml gut gekühltes Mineralwasser

 ca. 20 Min.

KIDS COLADA

Wenn Sie mögen, stellen Sie sich von dem Cocktail ein Glas in den Kühl-schrank und genießen ihn abends mit einem Schuss Rum als Piña Colada.

1 Saft mit Kokosmilch und Sahne im Standmixer etwa 2 Minuten cremig mixen. Einige Eiswürfel dazugeben und kühl stellen.

2 Kids Colada in Gläser füllen. Wer mag, steckt Ananasstücke auf Spieße und legt sie über das Glas.

Tipp:

Noch fruchtiger wird der Cocktail, wenn Sie 200 ml Bananen-saft und etwas Zitronensaft dazugeben. Wenn Sie 1 Banane un-termixen, wird der Cocktail zum Smoothie.

ZUTATEN

FÜR 6–8 GLÄSER
¾ l Ananassaft
300 ml Kokosmilch
150 g Sahne
Eiswürfel
Ananasstücke (nach Belieben)

 5 Min.

Fix gemacht

MANGO-LASSI

Lassi ist ein beliebtes indisches Joghurtgetränk, das mit oder ohne Früchte zubereitet wird. Mit Mangos aus der Tiefkühltruhe ist es blitz-schnell gemacht, und Kinder lieben den fruchtig-frischen Geschmack.

1 Das Mangofruchtfleisch antauen, aber nicht ganz auftauen las-sen – das spart das Kühlen des Getränks.

2 Die Mangowürfel mit dem Joghurt und dem Zucker im Stand-mixer pürieren. Das Wasser untermixen und das Getränk auf Gläser verteilen. Mit Strohhalmen servieren.

ZUTATEN

FÜR 8 GLÄSER
400 g Mangowürfel
(tiefgekühlt)
500 g Naturjoghurt
2 EL Zucker
¼ l eiskaltes Wasser

 ca. 5 Min.

KAPITEL 3

SNACK UND WEG

Dass bei Kindergeburtstagen oft nur genascht wird, liegt meistens am Angebot. In lustiger Optik und als buntes Fingerfood haben Gemüse, Salat und Brot durchaus eine Chance. Spannend wird das Essen auch, wenn Sie die Snacks in eine große Kiste packen und am Endpunkt einer Schnitzeljagd als Schatz deponieren. Am besten mit Picknickdecke, denn darauf schmeckt's Kindern sowieso am besten — ganz egal ob bei Sonnenschein auf der grünen Wiese oder bei schlechtem Wetter auf dem Kinderzimmerboden.

KINDERGEBURTSTAG

PAPRIKA-EISENBAHN

1 Für die Eisenbahn-Waggons die Paprikaschoten waschen und trocken tupfen. Von 5 Schoten längs (!) einen Deckel abschneiden, die Stielansätze sollen an der Frucht bleiben. Von 1 Paprika nur in der Mitte ein Stück ausschneiden – das wird die Lok. Aus allen Paprikaschoten das Kerngehäuse mit einem spitzen Messer vorsichtig herausschneiden, darauf achten, dass die Stiele dabei fest an der Frucht bleiben. Die abgeschnittenen Paprikadeckel zu Sticks schneiden.

2 Die Gurke waschen und putzen. In die Lok einen Lokführer aus 1 Stück Gurke setzen. Mit einem Zahnstocher links und rechts je 1 Paprikastick als Arm befestigen. 1 dünne Gurkenscheibe abschneiden und als Steuerrad zwischen die Paprikaarme klemmen. 1 Paprikastückchen als Hut auf den Kopf spießen. Restliche Gurke für die Räder in Scheiben schneiden. An jedem Waggon mit Zahnstochern links und rechts je 3 Gurkenscheiben befestigen und mit 1 langen Paprikastick verbinden.

3 Zucchini, Möhren und Kohlrabi putzen und schälen bzw. waschen und zu Gemüsesticks schneiden. Olive halbieren und mit Zahnstochern als Scheinwerfer vorn an der Lok befestigen. Die Waggons mit Gemüsesticks füllen.

4 Für die Dips saure Sahne und Mayonnaise verrühren und auf zwei Schälchen verteilen. Ketchup und Dill unter die eine Hälfte rühren und den Dip mit Salz und Pfeffer würzen. Senf und Honig unter die andere Dip-Hälfte rühren und mit Salz und Currypulver würzen. Dips in Schälchen zu der Paprika-Eisenbahn stellen.

Halloween-Paprika:

Halloweenfratzen lassen sich nicht nur in Kürbisse, sondern auch in ausgehöhlte Paprika ritzen. Dafür von den Paprikaschoten am oberen Teil mit dem Stielansatz einen Deckel abschneiden, Kerne und die Trennhäute entfernen und mit einem spitzen Messer Gesichter in die Paprika schneiden. Füllen Sie die Paprikaschoten mit Rohkost und servieren Sie die Dips dazu. Auch lecker: mit Couscous-, Nudel- oder Reissalat füllen.

ZUTATEN

FÜR CA. 10 PORTIONEN

FÜR DIE EISENBAHN-WAGGONS:
6 Paprikaschoten
1 dünne Bio-Salatgurke (oder
2–3 Gärtnergurken)
Zahnstocher
1 Zucchini
3 Möhren
1 kleiner Kohlrabi
1 Olive (ohne Stein)

FÜR DIE DIPS:
400 g saure Sahne
200 g Mayonnaise
4 EL Tomatenketchup
2 TL gehackter Dill (tiefgekühlt)
Salz · Pfeffer aus der Mühle
6 TL Dijon-Senf
2 TL Honig
Currypulver

 ca. 45 Min.

REGATTABOOT

Wer sagt denn, dass man bei Kindern die Vitamine verstecken muss? Die leckere Mannschaft dieses Ruder-Sechsers nimmt den Wettbewerb mit jedem Kuchen oder Cupcake auf und hat sogar das Zeug, der Gewinner des Tages zu werden.

1 Die Salatgurke gründlich waschen und mit Küchenpapier trocken reiben. Von der Gurke längs 1 etwa 1 cm dicke Scheibe abschneiden. Das Fruchtfleisch mit einem kleinen Kugel-Ausstecher herauslösen, dabei einen etwa 1 cm breiten Rand stehen lassen. 6 Gurkenkugeln für die Köpfe der Rudermännchen beiseitelegen. Die ausgehöhlte Gurke mit dem Frischkäse füllen.

2 Die Tomaten waschen und mit Küchenpapier trocken reiben. Von jeder Tomate oben eine kleine Kappe abschneiden und beiseitelegen. Die Paprikaschote waschen, trocken tupfen und längs in 6 dünne Streifen schneiden. Für die Rudermännchen je 1 Tomate als Körper auf die Zahnstocher stecken. Von oben je 1 Paprikastreifen mittig als Arme aufspießen, dann je 1 Gurkenkugel als Kopf daraufstecken und zuletzt die Tomatenkappen auf die Köpfe spießen. Die Rudermännchen hintereinander in das Gurkenboot setzen.

3 Damit die Ruder nicht so leicht vom Boot rutschen, jeweils rechts und links mit einem spitzen Messer Kerben ins Gurkenboot schneiden, und zwar jeweils kurz vor den Rudermännchen. In diese Kerben je 1 Salzstange als Ruder legen. Zum Auffuttern das Ruderboot am besten in 6 Stücke schneiden.

ZUTATEN

FÜR 1 REGATTABOOT
1 nicht zu dünne Bio-Salatgurke
80 g Doppelrahmfrischkäse
6 Mini-Eiertomaten oder
Kirschtomaten
⅓ rote Paprikaschote
Zahnstocher
12 Salzstangen

 ca. 25 Min.

TIPP:
Testen Sie vor dem Einsetzen der Rudermännchen, ob die Gurke fest steht oder vielleicht zur Seite kippt. Ist das der Fall, die Unterseite etwas gerade schneiden.

KNUSPRIGE WINDRÄDER

1 Die Blätterteigscheiben auf ein mit Backpapier belegtes Back-blech legen und auftauen lassen. Den Backofen auf 200 °C vor-heizen. Bratwürstchen in etwa 1 cm dicke Scheiben schneiden.

2 Die Teigscheiben leicht salzen. Jede Scheibe in 4 Quadrate schneiden. Die Quadrate jeweils von jeder Ecke aus mit einem Messer in Richtung Mitte einschneiden, und zwar etwa die halbe Strecke bis zur Mitte. Damit ein Windrad entsteht, jetzt von der linken unteren Ecke den Teig in die Mitte hochklappen. Dann von der linken oberen Ecke den Teig zur Mitte herunterklappen. Mit den rechten Ecken genauso verfahren (siehe S. 66).

3 Auf jedes Windrad in die Mitte 1 Wurstscheibe drücken. Im Ofen auf der mittleren Schiene etwa 12 Minuten backen.

ZUTATEN

FÜR 20 MINI-WINDRÄDER
5 quadratische Scheiben
Blätterteig (250 g; tiefgekühlt)
2–3 Bratwürstchen
(z.B. gebrühte Nürnberger
Rostbratwürstchen)
Salz

 ca. 20 Min.
+ ca. 12 Min. Backzeit

MINI-DRACHEN

1 Die Blätterteigscheiben auf ein mit Backpapier belegtes Blech legen und auftauen lassen. Den Backofen auf 200 °C vorheizen.

2 Jede Scheibe zu allen Seiten dünner ausrollen und in 4 Quadrate schneiden. Aus jedem Quadrat mit einem scharfen Messer 2 Drachenrauten ausschneiden. Die Teigreste übereinander-legen, nicht verkneten, sondern nur fest zusammendrücken und dann ausrollen, ebenfalls zu Rauten schneiden.

3 Die Hälfte der Drachenrauten dünn mit Frischkäse bestreichen. Die übrigen Rauten darüberlegen und jeweils gut zusammen-drücken. Mit etwas Wasser bepinseln, mit Pistazien oder Kräu-tern bestreuen. Nach Belieben salzen. Im Ofen auf der mittleren Schiene etwa 7 Minuten backen.

ZUTATEN

FÜR CA. 30 DRACHEN
5 quadratische Scheiben
Blätterteig (250 g; tiefgekühlt)
ca. 30 g Doppelrahmfrischkäse
gehackte Pistazien und bunte
Butterbrotkräuter zum
Bestreuen
Salz

 ca. 30 Min.
+ ca. 7 Min. Backzeit

MACH MIT ↑

BLÜMCHENSANDWICH

1 Aus den Brotscheiben mit einem großen Blümchen-Ausstecher Blumen ausstechen oder mit einem scharfen Messer eine Blumenform ausschneiden.

2 Die Kichererbsen in einem Sieb abtropfen lassen und mit saurer Sahne und Zitronensaft zu einer glatten Creme pürieren. Mit Salz, Pfeffer, Ingwer und Curry würzen.

3 Die Brotblumen nach Belieben toasten. Die Hälfte davon mit der Creme bestreichen. Die übrigen Scheiben darüberlegen. Auf jede Blume mittig 1 Gurkenscheibe legen und darauf 1 Tomatenhälfte setzen. Die Brote auf einer Platte anrichten. Je 1 Schnittlauchhalm als Stängel und Basilikum als Blätter an die Blumen legen.

Clownsandwich:

Aus den Broten keine Blumen, sondern große Kreise ausschneiden oder ausstechen. Mit Mayo und Ketchup aus der Tube einen großen Clownmund aufmalen, Cocktailtomatenhälften als Augen und Nase auf das Brot setzen und Kräuter (z.B. Schnittlauch oder Kresse) als Haare darauflegen.

Tipps:

Die Brotreste kann man einfrieren und etwa für Hackfleischbällchen, Croûtons oder für eine Gazpacho verwerten. Wer keine Reste mag, schneidet die Toastbrotscheiben zu kleinen Dreiecken, legt vielleicht als Deko eine Cocktailtomatenhälfte darauf und steckt ein Fähnchen hinein.

Interessanter schmeckt es, wenn Sie noch etwas Kreuzkümmel, gehacktes Koriandergrün und Minze unter die Kichererbsencreme rühren, das mögen aber manche Kinder nicht.

ZUTATEN

FÜR 8 SANDWICH-BLUMEN
16 Scheiben Tramezzinibrot
oder 16 Scheiben Toastbrot
1 Glas Kichererbsen (215 g Abtropfgewicht)
100 g saure Sahne
1 EL Zitronensaft
Salz · Pfeffer aus der Mühle
Ingwerpulver
Currypulver
8 Gurkenscheiben
8 halbe Cocktailtomaten
dicke Schnittlauchhalme
Basilikumblätter

 ca. 25 Min.

GANZ EASY

GEMÜSEWRAPS

Eingewickelt ist doch alles spannender. Hier umhüllen leckere Weizentortillas gebratene Zucchini und knackige Paprika. Einfach zum Reinbeißen!

1 Die gelbe und grüne Zucchini waschen, die Enden abschneiden und das Fruchtfleisch längs in Scheiben schneiden. Mit Kräutersalz bestreuen. Das Öl in einer Pfanne erhitzen und die Zucchinischeiben darin auf jeder Seite etwa 2 bis 3 Minuten braten. Sie dürfen ruhig schon etwas weich sein.

2 Die Paprikaschote entkernen, waschen und längs in dünne Streifen schneiden.

3 Die Tortillafladen nach Packungsanweisung kurz erwärmen. Die Fladen mit dem Frischkäse bestreichen, mit Schnittlauchröllchen und etwas Pfeffer bestreuen.

4 Die Wraps gleichmäßig mit Zucchini und Paprika belegen, dabei unten und an den Seiten etwas Platz freilassen. Die Fladen erst unten etwas einschlagen und dann von den Seiten her fest aufrollen. Den unteren Teil der Wraps mit Butterbrotpapier umwickeln, dann lassen sich die Wraps besser essen.

Tipp:

Stellen Sie verschiedene Zutaten zum Füllen bereit oder schnippeln Sie die Zutaten mit den Kindern. Anschließend darf jeder seinen Wrap selbst rollen. Außer Paprika und Zucchini schmecken z.B. Gurken, Tomaten, Salatblätter und Avocado lecker. Auch Schinken, gebratene Hähnchenbrust oder gebratenes Hackfleisch sind bei Kindern beliebt. Statt Frischkäse machen saure Sahne, Crème fraîche oder Ricotta die Wraps schön saftig.

ZUTATEN

FÜR 6 WRAPS
½ gelbe Zucchini
½ grüne Zucchini
Kräutersalz
1 EL ÖL
¼ Paprikaschote
6 Weizentortillas à 20 cm
Durchmesser
150 g Frischkäse
2 EL Schnittlauchröllchen
Pfeffer aus der Mühle

🕐 ca. 25 Min.

MACH MIT ↑

HOCHSTAPLER

1 Den Thunfisch abtropfen lassen und mit einer Gabel grob zerpflücken. Kapern und Petersilie unterheben.

2 Saure Sahne und 3 EL Mayonnaise unter den Thunfisch mischen und mit Pfeffer würzen. 3 Brotscheiben mit der Hälfte der Thunfischmasse bestreichen. 3 Brotscheiben darüberlegen, mit der restlichen Masse bestreichen.

3 Die Gurke waschen und in feine Scheiben scheiden oder hobeln. Auf die Thunfischmasse legen, die übrigen Brotscheiben mit der restlichen Mayonnaise bestreichen und mit der bestrichenen Seite nach unten darüberklappen. Die Brote fest zusammendrücken, diagonal zweimal durchschneiden und die Ecken mit Spießen oder Fähnchen (siehe S. 79) fixieren.

(siehe S. 79)

alles Fine gemacht

DOPPELDECKER

1 Die Partybrötchen mit einem scharfen Messer halbieren. Die unteren Hälften mit je 1 TL Ketchup, die oberen Hälften mit je 1 TL Mayonnaise bestreichen.

2 Die unteren Brötchenhälften mit je ½ Salatblatt, 1 Scheibe Putenbrust und 1 Tomatenscheibe belegen, etwas Kresse darüberstreuen und die oberen Brötchenhälften daraufsetzen. In jeden Doppeldecker einen Spieß, z.B. die Partybrötchen-Tiere von S. 78, stecken.

Variante:

Brötchen mit Frischkäse bestreichen, mit Putenbrust, dünnen Spalten Aprikosen oder Nektarinen und Salatblättern belegen.